Manel ABDELKADER

Enregistrement aux réseaux UMTS: un nouveau protocole de sécurité

Manel ABDELKADER

Enregistrement aux réseaux UMTS: un nouveau protocole de sécurité

Éditions universitaires européennes

Mentions légales/ Imprint (applicable pour l'Allemagne seulement/ only for Germany)
Information bibliographique publiée par la Deutsche Nationalbibliothek: La Deutsche Nationalbibliothek inscrit cette publication à la Deutsche Nationalbibliografie; des données bibliographiques détaillées sont disponibles sur internet à l'adresse http://dnb.d-nb.de.
Toutes marques et noms de produits mentionnés dans ce livre demeurent sous la protection des marques, des marques déposées et des brevets, et sont des marques ou des marques déposées de leurs détenteurs respectifs. L'utilisation des marques, noms de produits, noms communs, noms commerciaux, descriptions de produits, etc, même sans qu'ils soient mentionnés de façon particulière dans ce livre ne signifie en aucune façon que ces noms peuvent être utilisés sans restriction à l'égard de la législation pour la protection des marques et des marques déposées et pourraient donc être utilisés par quiconque.

Photo de la couverture: www.ingimage.com

Editeur: Éditions universitaires européennes est une marque déposée de
Südwestdeutscher Verlag für Hochschulschriften GmbH & Co. KG
Dudweiler Landstr. 99, 66123 Sarrebruck, Allemagne
Téléphone +49 681 37 20 271-1, Fax +49 681 37 20 271-0
Email: info@editions-ue.com

Produit en Allemagne:
Schaltungsdienst Lange o.H.G., Berlin
Books on Demand GmbH, Norderstedt
Reha GmbH, Saarbrücken
Amazon Distribution GmbH, Leipzig
ISBN: 978-613-1-55065-2

Imprint (only for USA, GB)
Bibliographic information published by the Deutsche Nationalbibliothek: The Deutsche Nationalbibliothek lists this publication in the Deutsche Nationalbibliografie; detailed bibliographic data are available in the Internet at http://dnb.d-nb.de.
Any brand names and product names mentioned in this book are subject to trademark, brand or patent protection and are trademarks or registered trademarks of their respective holders. The use of brand names, product names, common names, trade names, product descriptions etc. even without a particular marking in this works is in no way to be construed to mean that such names may be regarded as unrestricted in respect of trademark and brand protection legislation and could thus be used by anyone.

Cover image: www.ingimage.com

Publisher: Éditions universitaires européennes is an imprint of the publishing house
Südwestdeutscher Verlag für Hochschulschriften GmbH & Co. KG
Dudweiler Landstr. 99, 66123 Saarbrücken, Germany
Phone +49 681 37 20 271-1, Fax +49 681 37 20 271-0
Email: info@editions-ue.com

Printed in the U.S.A.
Printed in the U.K. by (see last page)
ISBN: 978-613-1-55065-2

Table des matières

Table des figures

Liste des tableaux

Introduction Générale

Au-delà du besoin de répondre à un marché de masse, les systèmes de troisième génération ont été conçus pour satisfaire l'acheminement des communications multimédia : accès à Internet, accès aux Intranets d'entreprise, visioconférence, jeux vidéo, échanges instantanés de type forum multimédia.

Toutefois l'incorporation de nouvelles technologies radio n'était pas une opération simple pour les opérateurs qui se sont déjà trouvés obligés à migrer de la première génération basée sur les systèmes analogiques vers la deuxième génération avec ses systèmes numériques. En effet, le développement des technologies radio (W-CDMA et TDD et leurs réseaux d'accès RANs) nécessite une durée et des efforts significatifs. Ce facteur associé à la proposition de développer complètement de nouveaux réseaux coeurs et de nouvelles architectures ont causé le grand retard de la mise en oeuvre des réseaux de 3ème génération.

Pour remédier à ces problèmes, la première architecture qui a été proposée pour le réseau de troisième génération UMTS (Universal Mobile Telecommunications System) a seulement défini de nouveaux aspects pour le réseau d'accès tout en conservant les réseaux coeurs des réseaux GSM (Global System for Mobile Communications) et GPRS (General Packet Radio Services). Ceci a été dans le but de permettre aux opérateurs de ces réseaux de minimiser les modifications techniques qu'ils doivent apporter à leurs infrastructures réseaux. Ce qui permettra au réseau de troisième génération de profiter des mécanismes de mobilité, de taxation et de signalisation utilisés dans le cas du GSM. Toutefois, cette tendance n'a pas freiné les recherches et les propositions de nouvelles architectures pour l'amélioration des performances du réseau UMTS. En effet, les nouvelles architectures qui ont été proposées par la suite tendent vers la définition d'un réseau tout IP. Ainsi, le réseau coeur du réseau UMTS témoigne plusieurs modifications pour l'intégration des nouveaux protocoles adéquats avec cette architecture.

Le protocole SIP (Session Initiation Protocol) est l'un des nouveaux protocoles de signalisation qui a été adopté pour assurer l'établissement, le maintien et la libération des communications entre le mobile et le réseau coeur au niveau de la couche application du modèle OSI. Parmi les fonctions primordiales assurées par ce protocole est définie l'opération d'enregistrement d'un mobile aux services offerts par le réseau UMTS. Au cours de cette opération, le mobile et le réseau coeur doivent procéder à une procédure d'authentification suivie par la procédure d'établissement des connexions sécurisées. Durant ces procédures, les données privées du mobile sont échangées au niveau des messages SIP entre le mobile et les différents noeuds du réseau coeur qui participent à l'enregistrement.

De ce fait, le protocole SIP présente un rôle critique durant la procédure d'enregistrement et doit par la suite garantir les mesures de sécurité nécessaires pour protéger les données privées et confidentielles échangées à son niveau. Toutefois, actuellement, le protocole SIP ne présente pas ses propres mécanismes pour assurer l'authentification forte, la confidentialité et l'intégrité des données qu'il supporte. Pour remédier à cette faiblesse, certaines propositions ont été faites pour utiliser les protocoles de sécurité des couches inférieures. Néanmoins, l'absence ou le malfonctionnement de ces protocoles peut induire de grandes menaces pour la sécurité du réseau UMTS.

Par la suite, le but de ce livre est de présenter un protocole de sécurité au niveau de la couche application qui permet de garantir la protection des différents messages échangés entre le mobile et le réseau coeur. Ce protocole assure aussi bien la protection de la procédure d'enregistrement que les différentes transactions qui la suivent.

Pour ce faire, le premier chapitre de ce rapport présente l'architecture du réseau UMTS dans lequel nous allons travailler ainsi que les procédures d'établissement de connexions entre le mobile et le réseau UMTS.

Le deuxième chapitre présente une étude des objectifs, des menaces et des mécanismes de sécurité du réseau UMTS. En effet, dans ce chapitre nous présenterons les différentes attaques qui menacent la sécurité du réseau UMTS. Par la suite, nous passerons à la présentation de l'architecture de sécurité qui a été proposée pour répondre aux différents objectifs de sécurité.

Le troisième chapitre montre les apports qui accompagnent l'intégration d'une infrastructure à clé publique dans le réseau UMTS. De plus, les avantages et les inconvénients des différentes architectures qui peuvent être adoptées sont présentées. Finalement, les procédures qui doivent être respectées par toutes ces architectures sont déterminées.

Le quatrième chapitre donne la spécification et la conception du protocole de sécurité. Dans ce chapitre, nous présenterons les hypothèses qui doivent être vérifiées dans le réseau UMTS pour pouvoir par la suite définir le protocole d'enregistrement sécurisé. Dans la partie suivante de ce chapitre, nous définirons les associations de sécurité qui définit de ce protocole.

Le cinquième chapitre présente une évaluation du protocole de sécurité proposé. En effet, en premier lieu, nous procéderons à une évaluation qualitative qui permet de montrer les apports en sécurité du protocole. En deuxième lieu, nous réaliserons une étude quantitative qui nous permettra d'estimer l'apport en charge de ce protocole au réseau UMTS.

Chapitre 1

Introduction aux réseaux UMTS

1.1 Introduction

Dans ce chapitre, les caractéristiques des architectures du réseau UMTS seront présentées tout en montrant les changements qui ont permit la convergence vers le réseau tout IP. De plus, les procédures d'établissement de connexions entre le mobile et le réseau UMTS seront définies. Finalement, les caractéristiques du protocole SIP utilisé pour la signalisation au niveau de la couche application seront détaillées.

1.2 Architecture des réseaux UMTS

L'architecture du réseau UMTS a connu trois stages différents d'évolution qui ont été définis par le groupe 3GPP (Third Generation Partnership Project) dans les standards *Release99*, *Release4* et *Release5 [1]*.

1.2.1 Release99

Le *Release99,* étant la première forme qui a définie une mise en place des standards pour le réseau UMTS, a présenté un réseau capable de fournir aux utilisateurs des services de voix et de donnés compatibles avec les réseaux GSM et GPRS. Ainsi, le roaming entre ces différents réseaux ne définit pas de coupures ou de pertes de données dues aux changements de la nature du réseau.

Pour ce faire, le réseau UMTS qui a été proposé à ce stade n'a apporté aucune modification ou amélioration pour le réseau coeur par rapport à celui défini dans le réseau GSM. Par contre l'amélioration a été tangible au niveau du réseau d'accès UTRAN (*UMTS Terrestrial Radio Access Network*) qui se présente comme suit :

Les blocs fonctionnels de base de l'architecture UTRAN sont les noeuds B et les contrôleurs des réseaux radio RNC. Les noeuds B sont équivalents aux stations de base BTS définies dans le

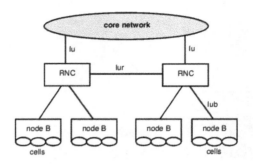

FIGURE 1.1 – Architecture de l'UTRAN

réseau GSM (ils permettent de lier les mobiles au réseau). Les fonctions des noeuds B incluent la modulation, le codage canal, la correction des erreurs et les fonctions de segmentation et d'assemblage.

Quant aux RNCs (Radio Network Controller), ils présentent un état développé des BSCs définis dans le réseau GSM. Ils sont responsables du contrôle des ressources associées aux noeuds B et à la négociation avec le réseau coeur pour définir la QoS et les différents paramètres associés aux services.

Les RNCs et les noeuds B sont inter connectés à travers l'interface Iub (équivalente à l'interface Abis du GSM). D'autre part, l'interface Iu est définie entre chaque RNC et le réseau coeur et elle est responsable du contrôle des Hand Over, du contrôle des bearers et des différentes négociations entre ces deux parties. La troisième interface Iur assure la connexion des différents RNCs entre eux. Elle est utilisée surtout pour des raisons de mobilité liées au soft Hand Over et au processus de localisation.

Les interfaces développées entre les différents éléments de l'UTRAN et le réseau coeur GSM/GPRS sont basées sur la combinaison des couches basses de l'ATM et des couches hautes utilisées dans les domaines de commutation de circuit et de commutation de paquet. Le protocole commun RANAP (Radio Acess Network Aplication Part) assure le contrôle et l'allocation des ressources, le Hand Over, la taxation et le contrôle des liens entre l'UTRAN et le réseau coeur.

Pour résumer les plus importants développements apportés au réseau d'accès, on peut citer :
– Une amélioration de la qualité de service au niveau de l'interface radio (utilisation de la WCDMA).
– Amélioration de l'interface Iu entre l'UTRAN et le réseau coeur pour assurer l'interopérabilité entre les différents opérateurs.
– Utilisation de l'ATM au niveau de la couche de transport entre les stations de base et les RNCs , entre les RNCs et entre les RNCs et le réseau coeur.
– Le codage de la voix est transféré au réseau coeur, au niveau des MSCs.
Les autres améliorations qui ont été proposées pour le réseau UMTS dans les étapes suivant le *Release99* manquent encore de précisions toutefois les grandes lignes d'évolution sont bien

définies. En effet, les plus grands apports consistent en la séparation entre la partie responsable de l'établissement des connexions et la partie contrôle et services. D'autre part, la conversion du réseau initialement proposé en un réseau tout IP présente une importante finalité. Vu le grand travail qui accompagne la réalisation de ces différents objectifs, deux stades distincts ont été définis pour clarifier les différentes architectures et protocoles qui doivent être mis en place. Ainsi deux *Release (4,5)* ont été définis.

1.2.2   Release4

Le *Release4* s'intéresse plus à la partie commutation de circuits du réseau coeur. En effet, afin d'optimiser le coût du réseau coeur tout en offrant le maximum de services, les fonctions de commutations et de routage ont été séparées des fonctions de contrôle. Ainsi, la distinction entre les mécanismes de commutation assurés par les routeurs MGWs (Media Gateways) et les routeurs responsables des fonctions de contrôle MGCFs (Media Gateways Control Functions) permettra aux opérateurs d'augmenter le taux de délivrance des services et de contrôler les différentes parties du réseau indépendamment de l'augmentation du trafic utilisateur. De ce fait, le domaine à commutation de circuit a adopté les concepts H.248 et Megaco tandis que le domaine à commutation de paquet a été amélioré pour adopter les concepts de voix sur IP (VoIP) et de multimédia sur IP [2, 3].

Ainsi, au niveau des réseaux traditionnels à commutation de circuit, le changement principal était la subdivision des MSCs en deux composants indépendants les "MSC server" et le MGW. Le "MSC server" comprend toutes les fonctions de contrôle de service, de mobilité et utilise le protocole H.248 pour contrôler les MGWs.

FIGURE 1.2 – La séparation des fonctions de contrôle des fonctions de routage

Respectivement pour le domaine à commutation de paquets, le développement principal est le fait de supporter des communications temps réel. Ainsi, les composants définissant l'architecture paquet doivent supporter les différentes QoS pour les communications basées sur l'IP.

Pour ce faire, différents changements sont apportés au réseau GPRS : modification des SGSN pour supporter les différentes QoS, la prise en compte des différents aspects de mobilité pour conserver la même QoS durant le déplacement,...

Devant toutes ces modifications, apparaît un autre défi à relever : c'est l'ajout de la transmission de voix et de multimédia sur IP dans les réseaux GPRS.

Cette technologie permettra aux opérateurs de converger leurs réseaux traditionnels supportant parallèlement la commutation de paquets et de circuits vers une seule infrastructure opérant en « tout IP ». Ainsi les services supportant la voix sur IP ou la multimédia sur IP ont été nommé services IM (Internet Multimedia). C'est ce qui est défini dans le *Release5.*

1.2.3   Release5

Plusieurs facteurs ont contribué à montrer l'importance et l'indispensabilité de la convergence vers les réseaux tout IP. En effet, devant la demande massive des services multimédias conduisant à un accroissement continu et important de la quantité de données transportée sur les réseaux actuels par rapport à celle de la voix, il s'avère indispensable de penser à un réseau convenable pour la transmission de données.

Toutefois, la mise en oeuvre de deux réseaux parallèles consacrés distinctement un à la voix et l'autre aux données ne présente pas une bonne solution vu le coût élevé et le manque de fiabilité qui sont apportées (on ne peut pas toujours séparer les services de la voix de ceux des données). Ainsi, l'idée présentée est d'unifier la transmission de la voix et des données sur un même réseau.

La nouvelle architecture des réseaux UMTS permet la séparation des différentes tâches assurées par les commutateurs actuels sur des couches indépendantes et inter-opérables. Ce qui donne une flexibilité opérationnelle lors du fonctionnement des différentes couches en plus du fait d'alléger les fonctions de chacune d'elles. Ainsi quatre couches ont été définies :

- La couche application : supporte le cycle de vie des différents services et applications (création, test, opération, suppression) comme elle assure l'enregistrement à ces services et leurs exécutions.
- La couche contrôle : assure la fonction de contrôle d'appels ainsi que la qualité de services QoS qui leur sont associée, de plus elle contrôle les ressources média (génération de tonalité, enregistrement de messages,..).
- La couche responsable du routage : assure le routage entre les différents réseaux et la conversion entre les réseaux à commutation de circuits et les réseaux basés sur la transmission de paquets (ATM, IP,...) lorsqu'il est nécessaire.
- La couche d'accès : responsable du transport des données utilisateurs et signalisation entre les utilisateurs et le réseau coeur.

Entre ces différentes couches plusieurs protocoles sont utilisés parmi lesquels on peut citer les protocoles orientés session (SIP,H323) qui assurent l'établissement et la libération de sessions ; les protocoles assurant le contrôle des Gateways (Megaco, MGCP) et les protocoles de signalisation (Sigtran, ISUP) [4, 5, 6].

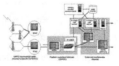

FIGURE 1.3 – Architecture d'un réseau tout IP

Ainsi, au niveau du réseau UMTS, la couche application est traitée par les différents fournisseurs de services qui la définissent selon la nature des services qu'ils offrent.

D'autre part, la couche contrôle est caractérisée par la fonction CSCF (Call State Control Function) qui agit comme un serveur d'appels et traite les données de signalisation relatives aux différentes communications. De cette façon, elle peut assurer l'interconnexion avec d'autres réseaux supportant les services IM (Internet et Multimedia) en conservant la qualité des services lors du déplacement des utilisateurs dans et entre les réseaux UMTS. Le CSCF est décomposé en trois sous systèmes :

- Le S-CSCF (Serving CSCF) : sauvegarde les données des utilisateurs qui peuvent être utiles lors de la fourniture de services. Il est aussi responsable de la signalisation lors de l'établissement et de la libération des appels et il interagit avec la couche application.
- Le I-CSCF (Interrogating CSCF) : assure la recherche des données concernant les utilisateurs auprès du HSS lors de l'établissement dune connexion.
- Le P-CSCF (Proxy CSCF) : agit comme un firewall entre le terminal et le S-CSCF.

Dans cette nouvelle architecture, le HLR (Home Location Register) a été remplacé par le HSS (Home Subscriber Server). Ce dernier contient plus de données relatives aux utilisateurs afin de pouvoir répondre aux différents besoins des services. Il se caractérise par sa capacité de gérer des connexions à partir de plusieurs réseaux se basant sur l'IP autre que le GPRS. Cette indépendance d'accès permettra aux utilisateurs des réseaux fixes ou sans fils de bénéficier des services IM.

D'autre part, les fonctions de routage sont gérées par les MGWs qui assurent l'interconnexion avec les autres réseaux. Dans le cas des réseaux IM, le MGW ne s'occupe plus des Hand Over puisque toutes les fonctions de mobilités sont assurées dans le réseau GPRS par les SGSN/GGSN. Le MRF (Media Ressource Function) assure des fonctions spécifiques pour le réseau IM comme l'établissement d'appels à plusieurs parties, les média conferencing,...

Le MGCF s'occupe, de sa part, de la procédure de signalisation durant une session. Plusieurs choix ont été faits au niveau du réseau IM CN comme par exemple l'utilisation du protocole SIP pour la signalisation entre le mobile et le CSCF et l'utilisation d'IPv6 dans le réseau coeur. D'autres, par contre sont encore en cours de discussion au niveau du 3GPP comme par exemple la signalisation entre le HSS et le CSCF dont les protocoles candidats sont le LDAP et le MAP utilisant l'IP.

Dans le reste du livre l'accent sera mis sur la partie GPRS du réseau UMTS puisqu'elle gère toutes les fonctions de mobilité. De ce fait, la section suivante permettra une présentation générale du mécanisme de gestion de la mobilité dans le réseau UMTS. Ainsi, les procédures de base qui assurent la mobilité seront expliquées pour montrer où et quand la sécurité est appelée.

1.3 Établissement des connexion dans les réseaux UMTS

La gestion de la mobilité est le moyen avec lequel le réseau UMTS peut supporter les déplacements des utilisateurs finaux, être au courant en tout moment de l'état et de l'emplacement des mobiles, protéger leur confidentialité et permettre la gestion des connexions aux différents services.

La gestion de la mobilité est supportée par les protocoles de signalisation du niveau trois à savoir le protocole RRC (Radio Ressource Control) au niveau du mobile et le RANAP (Radio Access Network Application Protocol) au niveau du SGSN [4].

1.3.1 Procédure d'attachement

C'est la première opération que doit effectuer un mobile pour accéder au réseau UMTS. En effet, le mobile déclenche cette procédure par l'envoi d'une requête d'attachement spécifiant son identité et le type d'attachement qu'il veut faire.

En recevant cette requête , le SGSN procède à l'identification et l'authentification du mobile. Dans le cas où le résultat de l'authentification est positif, le SGSN accepte la procédure d'attachement et alloue au mobile un nouveau identificateur temporaire (P-TMSI).

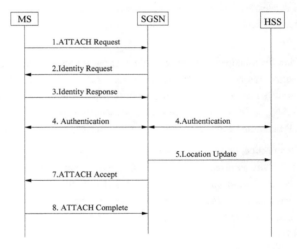

FIGURE 1.4 – Procédure d'attachement

1.3.2 Procédure d'attachement PDP

Cette procédure se fait suite à l'attachement réussi du mobile au réseau. Elle permet de spécifier les caractéristiques d'une session. En effet, pour que le mobile puisse communiquer et échanger des données avec d'autres réseaux paquets externes, il doit acquérir une adresse IP (PDP Adress). Chaque PDP Adress peut être utilisée par une ou plusieurs sessions.

L'allocation des adresses PDP peut être faite d'une manière statique ou dynamique. Dans le cas d'adressage statique, c'est le réseau mère qui affecte au mobile une adresse fixe qu'il utilisera dans toutes ses connexions. Par contre, lorsqu'il s'agit d'un adressage dynamique, l'allocation d'une adresse IP au mobile est faite soit par le GGSN avec lequel le mobile a déjà initié une session ou bien par un réseau paquet externe en utilisant les protocoles DHCP ou Mobile IP.

Le but de cette procédure est d'établir un contexte PDP entre le réseau et le mobile avec une QoS qu'ils négocient ensemble. L'activation d'un contexte PDP peut être déclenchée par le mobile ou par le réseau.

Ainsi à la réception d'une requête "PDP Context Request" , le SGSN vérifie l'inscription de l'abonné puis sélectionne le point d'accès convenable pour cette session.

Dans la suite, le cas où c'est le mobile qui déclenche l'activation d'un contexte PDP est présenté dans la Figure 1.5 sachant que le principe reste le même dans le cas où c'est le réseau qui le fait.

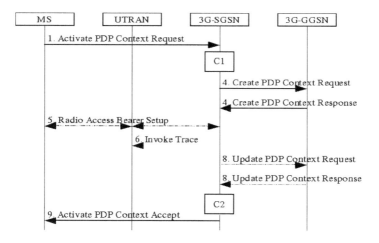

FIGURE 1.5 – La procédure PDP Attach

Au début le mobile commence par envoyer une requête "Activate PDP Context Request" qui contient le NSAPI (Network layer Service Access Point Identifier) sélectionné, le type de la session PDP, la QoS demandée et l'adresse PDP dans le cas d'une adresse statique sinon ce champ est laissé vide. De plus le mobile peut indiquer le nom d'un point d'accès pour un certain réseau externe qui offre un service spécifique.

A la réception de cette requête, le SGSN envoie une requête "Create PDP Context Request" au GGSN sélectionné. Ce dernier crée une nouvelle entrée dans sa table de routage relative au nouveau PDP context. Puis, il retourne un message de "Create PDP context response" au SGSN.

Durant cette procédure une négociation sur la QoS est faite. En effet, dans le cas où le SGSN trouve qu'il ne peut pas offrir la QoS demandée par le mobile, il restreint la QoS selon les ressources dans il dispose. Toutefois le mobile et le GGSN peuvent refuser la QoS offerte par le SGSN si elle n'est pas compatible avec ce qui est demandé.

Ainsi, le mobile commence par l'envoie de la requête "Desactivate PDP Request"pour une session PDP. En recevant cette requête, le SGSN et le GGSN désactivent les sessions demandées. Dans le cas où le mobile désire désactiver toutes les sessions relatives à une adresse PDP, le GGSN élimine cette adresse de sa table de routage et la désigne comme libre pour une autre affectation si elle est dynamique.

1.3.3 Procédure d'enregistrement

Suite à l'établissement d'une connexion, un mobile procède à l'opération d'enregistrement à un service. Cette opération est présentée par la figure suivante :

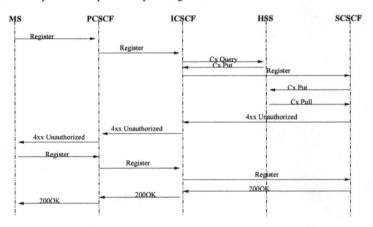

FIGURE 1.6 – La procédure d'enregistrement

Le protocole utilisé pour assurer l'enregistrement est le protocole SIP [7]. A l'aide de ce dernier le mobile demande l'accès à un service. Suite à une procédure d'authentification, le *SCSCF* fournit fournit les services demandés par le mobile et auxquels il est autorisé.

1.4 Présentation du protocole SIP

Le protocole de signalisation SIP (Session Initiation Protocol) est le deuxième standard, en plus du H323) proposé par l'IETF pour assurer le contrôle de la téléphonie sur Internet. SIP est basé sur le mode texte du protocole HTTP [8, 9].

SIP est utilisé dans la couche application du modèle OSI pour établir, modifier et terminer les différentes sessions multimédias. Toutefois, il ne présente aucune contrainte sur le format qui sera employé dans ces sessions mais il permet de décrire leurs caractéristiques de telle manière que les entités finales d'une communication puissent transporter les données multimédias.

De plus, le protocole présente les fonctions d'inter-opérabilité avec d'autres protocoles sans présenter certaines dépendances.

Les participants

Le protocole SIP est basé sur le modèle Client/Serveur dans lequel le serveur SIP répond aux différentes requêtes envoyées par le serveur. Ainsi différents participants peuvent être définis dans les communications SIP.

1. L'agent utilisateur client (UAC) : c'est l'application client qui initie les requêtes,

2. L'agent utilisateur serveur (UAS) : c'est l'application serveur qui assure les réponses aux différentes requêtes,

3. L'agent utilisateur (UA) : c'est la fonction qui contient en même temps l'agent utilisateur client et l'agent utilisateur serveur,

4. Le serveur proxy : c'est u programme intermédiaire qui agit en même temps comme client et serveur,

5. Le serveur de redirectionre-direction : il accepte les différentes requêtes du protocole SIP et affecte l'adresse demandée à une ou plusieurs autres adresses,

6. Le serveur d'enregistrement : il accepte les différentes requêtes d'enregistrement du protocole SIP. Ce serveur, en plus du serveur de re-direction, utilise le service de localisation pour obtenir des informations à propos des utilisateurs finaux.

Les messages du protocole SIP

Le protocole SIP définit six différents messages qui sont présentés dans le tableau suivant :

Message	Description
INVITE	Il est utilisé comme un requête pour l'établissement d'une nouvelle connexion
ACK	Il est utilisé comme un acquittement lors de la réception de la requête INVITE
BYE	Il permet de terminer une session entre deux entités communicantes
REGISTER	Il est utilisé pour l'enregistrement d'un abonné à un service
CANCEL	Il permet de terminer une invitation qui n'a pas été acquittée
OPTION	Il est utilisé pour donner des informations supplémentaires sur les capacités d'une entité

TABLE 1.1 – Les messages du protocole SIP

Ces messages sont utilisés entre les différents noeuds pour assurer l'établissement, l'enregistrement et la libération d'une communication.

1.5 Conclusion

Dans ce chapitre une présentation générale du réseau UMTS a été faite. Ainsi l'architecture du réseau qui est entrain de converger vers un réseau tout IP est présentée. Puis, l'accent a été mis sur la partie GPRS du réseau puisqu'elle est l'unique responsable de la mobilité et de l'établissement des procédures de sécurité. Par la suite, les procédures de base relatives à la mobilité sont présentés pour situer le concept de sécurité et voir son importance.

Dans le chapitre suivant, l'accent sera mis sur les procédures de sécurité dans le réseau UMTS. Ainsi, l'architecture de sécurité adoptée dans le réseau est étudiée pour définir les puissances et les faiblesses.

Chapitre 2

La sécurité dans les réseaux UMTS

2.1 Introduction

La sécurisation des réseaux UMTS occupe une place importante dans la conception des réseaux de troisième génération. En effet, plusieurs objectifs ont été fixés [12, 10] :

- Garantir la protection des données générées ou demandées par les utilisateurs contre toute intervention malveillante ou accidentelle.
- Garantir que tous les services et les ressources fournis par le réseau seront correctement exploités.
- Standardiser les différents mesures de sécurité choisies afin d'assurer la protection nécessaire du mobile durant son déplacement d'un réseau à un autre.
- Augmenter le degré de sécurité dans les systèmes de troisième génération par rapport à ce qui était défini pour les systèmes de deuxième génération.
- Laisser toujours la possibilité d'améliorer ou de mettre à jour les mesures de sécurité initialement implémentées suivant l'apparition de nouvelles attaques ou la définition de nouveaux services.

2.2 Les menaces de sécurité

Dans cette section, les différentes menaces d'attaques auxquelles peut être exposé le réseau UMTS sont présentées [11].

2.2.1 Attaques associées à l'interface radio

L'interface radio du réseau UMTS peut être sujette de plusieurs types d'attaques. Les menaces d'attaques qui peuvent avoir lieu sur l'interface radio sont classées comme suit :

1. accès non autorisé aux données,

2. menaces à l'intégrité,

3. déni de service, et

4. accès non autorisé aux services.

L' accès non autorisé aux données

Il peut être réalisé de différentes manières, les attaques qui le permettent sont :
- Le Sniffing : les intrus peuvent écouter le trafic utilisateur, les messages de signalisation ou les données de contrôle qui sont transmis sur l'interface radio. Ce qui peut leur permettre d'accéder aux données relatives à la gestion de sécurité ou à d'autres informations qui peuvent être utiles pour mener des attaques actives sur le système.
- Le Masquerading : un intrus peut se présenter comme un participant à la communication et intercepter le trafic utilisateur, les données de signalisation ou les données de contrôle circulant sur l'interface radio.
- L'analyse passive du trafic : les intrus peuvent analyser les données relatives aux communication comme par exemple le temps, le taux, la longueur, la source et la destination des messages passant sur l'interface radio pour avoir l'accès à d'autres informations.
- L'analyse active du trafic : les intrus peuvent, activement, amorcer des sessions de communications et obtenir des information à travers l'analyse des messages transmis sur l'interface radio.

Les menaces à l'intégrité

Différentes manipulations touchant au trafic utilisateur,signalisation ou données de contrôle peuvent être faites par les attaquants. En effet, les intrus peuvent modifier, insérer, retransmettre ou supprimer le trafic passant sur l'interface radio. Les modifications du trafic peuvent aussi avoir lieu d'une manière accidentelle, ce qui implique qu'il faut y tenir compte dans les procédures de sécurité .

Il faut noter que même les données retransmises qui ne peuvent pas être décryptées par un intrus peuvent être exploitées pour conduire des attaques contre l'intégrité du trafic sur l'interface radio.

Le déni de service

Les attaques par déni de service peuvent avoir lieu de différentes manières, à travers :
- Une intervention physique : les intrus peuvent empêcher la transmission du trafic utilisateur, des données de signalisation et de contrôle sur l'interface radio par des moyens physiques, par exemple par l'attaque jamming.
- Une intervention au niveau des protocoles : les intrus peuvent empêcher la transmission du trafic sur l'interface radio en incitant des échecs de protocoles.

– Un masquerading : les intrus peuvent bloquer le service à un utilisateur légitime en empê-
chant la transmission du trafic utilisateur ou des données de signalisation et de contrôle sur
l'interface radio tout en se présentant comme des éléments du réseau.

L'accès non autorisé aux services

Il est fait lorsqu'un intrus se présente au réseau comme un autre utilisateur légitime. L'intrus
se présente au début à l'utilisateur final comme une station de base puis détourne la connexion
vers lui après que l'authentification de l'utilisateur soit exécutée avec succès.

2.2.2 Attaques associées aux autres parties du réseau UMTS

Bien que les attaques sur l'interface radio représentent les menaces les plus significatives, des
attaques sur d'autres parties du réseau peuvent aussi être menées. Celles-ci incluent les attaques
aux interfaces filaires et sans fil comme elles peuvent ne pas être uniquement attribuées à une
interface ou un point d'attaque.

Les menaces d'attaques au réseau UMTS sont classées comme suit :

1. les accès non autorisés aux données,
2. les menaces à l'intégrité,
3. le déni de service,
4. la répudiation, et
5. l'accès non autorisé aux services.

L'accès non autorisé aux données

L'accès non autorisé aux données est réalisé par des attaques similaires à celles définies au
niveau du réseau d'accès en plus d'autres qui sont liées aux nouvelles structures de données.

– Le Sniffing : consiste en l'écoute du trafic utilisateur ou des messages de signalisation et de
contrôle sur n'importe quelle interface du réseau (filaire ou non). Ce qui peut servir pour la
conduite d'autres attaques sur le système.

– Le Masquerading : un attaquant peut se présenter comme un destinataire des données transmises (trafic d'utilisateur, messages de signalisation ou de contrôle) sur n'importe quelle
interface du réseau qu'il soit filaire ou non.

– L'analyse du trafic : un intrus peut analyser le trafic passant sur le réseau (temps, longueur,
sources et destinations des messages) sur n'importe quelle interface de système, pour pouvoir
accéder aux informations.

– L'accès non autorisé aux données stockées par les entités du réseau : les intrus peuvent obtenir
l'accès local ou à distance aux données stockées par des entités du système et peuvent ainsi
lancer des commandes pour les manipuler comme ils le désirent.

– Accès fortuit au données : un utilisateur légitime du réseau UMTS peut recevoir des informations fortuites relatives à l'emplacement d'autres utilisateurs par l'analyse des messages de signalisation reçus lors de l'établissement d'un appel.

Les menaces à l'intégrité

Différentes attaques peuvent toucher à l'intégrité des messages. En effet, on peut avoir recours à :
– Une manipulation du trafic utilisateur ou des données de signalisation ou de contrôle. Elle peut avoir lieu par une modification, ajout, retransmission ou suppression (accidentelle ou organisée) du trafic passant sur n'importe quelle interface du réseau.
– Un accès aux données suite à une attaque par Masquerading où l'intrus se présente comme une entité légitime. Il peut par la suite déclencher des applications malveillantes.
– Une intervention au niveau des composantes du réseau pour manipuler les données qui y sont stockées. L'accès à ces composantes peut être fait localement ou bien à distance et peut impliquer des commandes contrevenantes physiques ou logiques.

Le déni de service

Les attaques par déni de service peuvent avoir lieu suite à une intervention physique sur l'interface radio ou filaire ou bien suite à une intervention au niveau des protocoles en incitant des échecs de protocoles. De plus, des intrus peuvent se présenter comme des éléments du réseau pour intercepter et bloquer la transmission du trafic relatif à un utilisateur légitime.

Une autre attaque de déni de service peut être introduite par l'abus des services de secours. Les intrus peuvent empêcher d'autres utilisateurs d'accéder aux services et causer ainsi une rupture sérieuse des services de secours des équipements en abusant de la capacité de faire des appels aux services de secours des terminaux.

La répudiation

Plusieurs types de répudiation peuvent avoir lieu. En effet, un utilisateur peut nier qu'il a envoyé ou reçu un trafic. De cette manière, il pourra accéder à des services sans le reconnaître.D'autre part un serveur peut nier des services qu'il a offert.

L'accès non autorisé aux services

L'accès non autorisé est généralement fait suite à une attaque Masquerading. Toutefois, cette attaque peut être menée de plusieurs manières :
– Prendre le rôle d'un utilisateur : les intrus peuvent interpréter un rôle d'un utilisateur pour bénéficier des services autorisés à ce dernier. Ainsi, l'intrus devrait recevoir la confiance et

par la suite les services des autres entités du réseau comme le réseau servant, le réseau mère ou même l'utilisateur lui-même.

– Usage malveillant des privilèges des utilisateurs : les utilisateurs peuvent abuser de leurs privilèges pour gagner l'accès non autorisé aux services ou pour une simple utilisation intensive de leurs abonnements sans avoir l'intention de payer.

– Prendre le rôle d'un réseau servant : les intrus peuvent interpréter un rôle d'un réseau servant, ou d'une entité de ce réseau, avec l'intention d'exploiter l'accès d'un utilisateur autorisé aux services pour en bénéficier par la suite.

– Usage malveillant des privilèges des réseaux servants : ces derniers peuvent abuser de leurs privilèges pour gagner l'accès non autorisé aux services. Un réseau servant pourrait par exemple utiliser les données d'identification d'un utilisateur pour permettre à un complice de se présenter comme un utilisateur légitime ou bien il pourrait juste falsifier les enregistrements relatives à l'utilisateur pour gagner des revenus supplémentaires du réseau mère.

– Prendre le rôle d'un réseau mère : les intrus peuvent interpréter le rôle d'un réseau mère pour obtenir des informations spécifiques aux utilisateurs qui leurs permettront de mener des attaques de Masquerading du côté utilisateur.

2.2.3   Attaques associées au terminal

Même si le terminal constitue la propriété de l'utilisateur final qui est le premier responsable de sa sécurité, toute négligence de la conception du niveau de sécurité de ce terminal peut conduire des attaques pouvant endommager tout le réseau.

Ainsi, afin de prendre les mesures de sécurité nécessaires pour un équipement, les différentes menaces d'attaques doivent être définies :

– Utilisation d'un terminal volé ou emprunté : les intrus peuvent employer des terminaux volés pour gagner l'accès non autorisé aux services. Comme ils peuvent employer improprement les privilèges des équipements empruntés pour excéder les limites d'utilisation consenties.

– Manipulation de l'identité du terminal : les utilisateurs peuvent modifier l'IMEI (International Mobile Equipment Identity) d'un terminal et employer l'USIM (Universal Subscriber Identity Module) qui lui est convenable pour avoir accès aux services.

– Menaces à l'intégrité des données sur le terminal ou sur l'USIM : les intrus peuvent modifier les données stockées par le terminal ou par l'USIM.

– Écoute sur l'interface entre le terminal et l'USIM.

– Masquerading sur l'interface entre le terminal et l'USIM : les intrus peuvent se présenter comme un USIM ou un terminal pour intercepter des données échangées sur l'interface et les manipuler par la suite.

– Menaces à la confidentialité de certaines données d'utilisateur dans le terminal ou dans l'USIM : les intrus peuvent avoir l'accès aux données personnelles de l'utilisateur qu'il a stockées sur le terminal. De plus, ils peuvent accéder aux données d'identification stockées par le fournisseur de service, comme par exemple la clef d'identification.

Suite à la définition des différentes attaques qui peuvent menacer un réseau UMTS, l'architecture de sécurité qui sera adoptée sera présentée ainsi que les principes sur lesquels elle est basée.

2.3 Principes de sécurité dans les réseaux UMTS

La sécurité dans les réseaux UMTS est basée sur trois principes fondamentaux :

1. La conservation et l'adaptation des systèmes de sécurité déployés dans les réseaux de deuxième génération et qui ont prouvé leurs pouvoirs d'assurer un bon degré de sécurité pour les systèmes de troisième génération.

2. L'augmentation du niveau de sécurité des mesures suivies précédemment dans les systèmes de deuxième génération. Ainsi certaines faiblesses connues auparavant seront corrigées.

3. La conception et la mise en oeuvre de nouvelles mesures de sécurité adéquates aux nouveaux services offerts par le réseau de troisième génération [12].

2.3.1 Mesures de sécurité à retenir :

La conception de la sécurité pour les systèmes de troisième génération conserve et développe, dans certains cas, des mesures précédemment définies pour les réseaux de deuxième génération.

La première mesure à conserver est la procédure d'authentification des abonnées désirant accéder aux différents services. Toutefois les algorithmes déployés dans cette procédure devront être changés pour augmenter le niveau de sécurité du réseau.

La deuxième mesure qui sera également retenue concerne le cryptage des données transmises sur l'interface radio. Le niveau de sécurité relatif sera renforcé par l'utilisation de clés de tailles plus grandes et d'algorithmes plus complexes.

La troisième mesure à conserver consiste en l'assurance de la confidentialité de l'identité de l'abonné sur l'interface radio. D'autre part, la sécurité du module SIM (Subscriber Identity Module) sera gérée par les opérateurs du réseau. Par la suite, elle sera indépendante des fonctions de sécurité définies au niveau du terminal.

2.3.2 Faiblesses de sécurité à corriger :

Les faiblesses suivantes seront corrigées dans les systèmes de troisième génération :
– Les attaques actives utilisant de fausses stations de base (BTS).
– La transmission en clair des clés de cryptage et des données d'authentification dans et entre les réseaux.

– Le cryptage n'est pas suffisamment utilisé dans le réseau coeur (Core Network). Ce qui résulte en la transmission en clair des données de signalisation et des données utilisateurs sur certains liens du réseau (pour le cas du GSM entre les BTS et les BSC).

– L'authentification des utilisateurs en utilisant d'anciennes clés de cryptage.

– L'intégrité des données n'est pas assurée dans les systèmes de deuxième génération.

– La transmission de l'identificateur de l'équipement mobile (IMEI) n'est pas sécurisée.

– Le réseau mère ne peut ni connaître ni contrôler la manière dont les réseaux serveurs utilisent les paramètres d'authentification pour les abonnées qui se trouvent sous leurs couvertures.

– Les systèmes de deuxième génération n'ont pas la flexibilité de mettre à jour ou d'améliorer les fonctions de sécurité qu'ils utilisent.

2.3.3   Nouvelles mesures de sécurité :

Ces mesures sont spécifiques aux nouveaux services offerts par les systèmes de troisième génération. Ainsi, ces mesures sont propres aux services et définies par suite par les opérateurs et les fournisseurs de services.

2.4   Architecture de sécurité dans le réseau UMTS :

Dans cette section est présentée l'architecture de sécurité des réseaux UMTS comme elle a été définie au niveau des 3GPP [13].

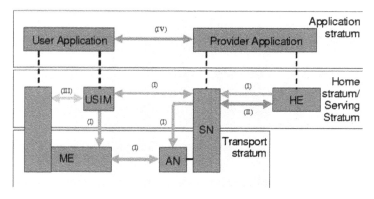

FIGURE 2.1 – Architecture de sécurité [13]

La sécurisation du réseau UMTS a été partagée sur cinq zones. Ainsi on définit :

(I) La sécurisation du réseau d'accès. Elle consiste en le déploiement de certaines fonctions pour permettre aux utilisateurs d'accéder dune manière sécurisée aux différents services offerts par le réseau. Ces fonctions sont définies au niveau du lien radio du réseau d'accès.

(II) La sécurisation du réseau fixe par le biais des fonctions permettant aux noeuds du domaine fournisseur d'échanger les données de signalisation d'une manière sécurisée.

(III) La sécurisation de l'équipement utilisateur est assurée par la protection des stations mobiles.

(IV) La sécurisation du domaine applicatif. Elle est assurée par l'utilisation de fonctions permettant aux applications se trouvant au niveau des utilisateurs et des fournisseurs de services de s'échanger des messages d'une manière protégée.

(V) La visibilité et la configuration des mesures de sécurité en utilisant des fonctions permettant à l'utilisateur de s'informer si une fonction de sécurité est en opération ou non et si l'utilisation de certains services doit être fait dune manière sécurisée ou non.

2.4.1   Sécurisation du réseau d'accès :

Le réseau d'accès représente l'un des points critiques d'un réseau UMTS. De ce fait, plusieurs fonctions contribuent à la sécurisation de ce domaine [14].

L'identification des utilisateurs :

Elle doit s'accompagner de la garantie de la confidentialité sur trois plans différents :

1. Le premier concerne l'identité de l'utilisateur. En effet, il s'agit de la propriété de cacher l'identificateur permanent de l'utilisateur (IMSI) au niveau de l'interface radio lors de la délivrance des différents services.

2. Le deuxième plan est défini par la localisation de l'utilisateur. Cette dernière doit rester discrète pour tout intrus qui écoute sur l'interface radio.

3. Le dernier plan assure l'incapacité de déduire, lors d'une écoute sur l'interface radio, si différents services sont délivrés ou non à un même utilisateur.

Pour atteindre ces différents objectifs, le réseau associe à chaque utilisateur un identificateur temporaire (TMSI/P-TMSI : Temporary Mobile Subscriber Identity) qui est changé périodiquement lors de l'accès aux différents services. D'un autre côté, les données de signalisation et de données doivent être cryptées sur le lien radio du réseau d'accès.

Chaque TMSI a une signification sur une étendue locale restreinte à la zone de localisation dans laquelle l'utilisateur est enregistré. A l'extérieur de cette zone le TMSI doit être accompagné d'un l'identificateur de la zone de localisation (LAI : Location Area Identity ou RAI) dans laquelle l'utilisateur se trouve. Toutes les associations entre les TMSIs et leurs IMSIs correspondants sont définies au niveau des VLR ou bien des SGSN dans lesquels chaque utilisateur est enregistré.

La procédure d'allocation d'un identificateur temporaire est déclenchée par le SGSN. Ce dernier génère un nouveau TMSI, sauvegarde l'association de ce TMSI à l'IMSI correspondant dans sa base de données et envoie le TMSI généré à l'utilisateur. A la réception l'utilisateur enregistre le nouveau TMSI et détruit l'ancien puis il envoie un acquittement au SGSN. En recevant cet acquittement, le SGSN élimine de sa base de données l'association entre l'ancien TMSI et l'IMSI. Cette procédure diminue mais n'élimine pas le transfert en clair de l'IMSI sur l'interface radio. En effet, l'utilisation de l'identifiant IMSI pour l'identification de l'utilisateur se fait dans les cas où l'utilisateur va s'enregistrer pour la première fois à un réseau ou si le réseau serveur n'a pas pu retrouver l'IMSI à partir du TMSI présenté par l'utilisateur.

L'authentification :

L'authentification est assurée mutuellement entre l'utilisateur et le réseau mère à chaque établissement d'une connexion. Ainsi d'une part le réseau doit s'assurer de l'identité de l'utilisateur et d'autre part l'utilisateur doit être sûr qu'il s'agit bien de son réseau mère.

Pour ce faire, le mécanisme adopté est appelé AKA (Authentication and Key Agreement). Il est initié par le réseau serveur suite à la demande d'attachement déclenchée par un utilisateur se trouvant dans ce réseau.

Cette procédure assure l'authentification mutuelle entre l'utilisateur et le réseau mère. Elle utilise une clé secrète partagée définie au niveau de la carte USIM et au centre d'authentification du réseau mère. Cette méthode a été choisie au niveau des 3GPP pour assurer un maximum de comptabilité avec le système d'authentification actuel utilisé dans les réseaux de deuxième génération.

Après la réception d'une requête d'attachement, le réseau d'accès (VLR ou SGSN) présente l'identité de l'utilisateur au réseau mère relatif (HLR/AuC). Ce dernier vérifie l'existence de l'utilisateur et génère un ensemble de n vecteurs d'authentification qui seront retransmis au réseau d'accès.

Un vecteur d'authentification est composé par un nombre aléatoire $RAND$, une réponse attendue $XRES$, une clé de cryptage CK, une clé d'intégrité IK et un jeton d'authentification $AUTN$. Chaque vecteur sert à une authentification entre le réseau d'accès et le mobile. Par la suite, lorsqu'un SGSN initie une phase d'authentification, il sélectionne un vecteur d'authentification et envoie les paramètres $RAND$ et $AUTN$ correspondants au mobile.

Le mobile vérifie alors la valeur de $AUTN$ pour authentifier son réseau mère. Ensuite, il calcule la réponse RES en se basant sur les valeurs de $RAND$ et $AUTN$ et en utilisant la clé secrète qui est sauvegardée au niveau de l'USIM. Il envoie par la suite RES au SGSN et calcule les clés de cryptage CK et d'intégrité IK qu'il utilisera une fois l'authentification est achevée avec succès.

En recevant RES, le SGSN compare ce paramètre avec la valeur de $XRES$ existant dans le vecteur d'authentification correspondant. Dans le cas d'égalité, l'authentification du mobile est considérée réussie. Les données échangées par la suite entre le mobile et le réseau d'accès seront protégées par les clés de cryptage CK et d'intégrité IK.

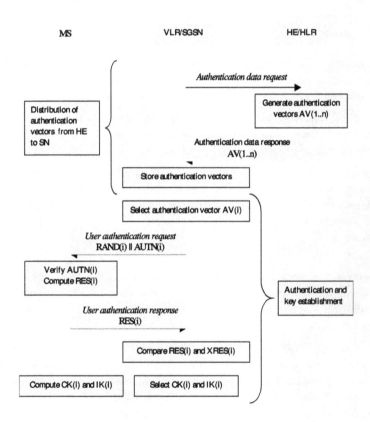

FIGURE 2.2 – La procédure d'authentification AKA [13]

La confidentialité :

Pour assurer la confidentialité des données transférées sur le réseau d'accès, les étapes suivantes doivent être suivies :
– La négociation de l'algorithme du cryptage à utiliser entre le mobile et le réseau serveur.
– Le choix de la clé de cryptage.
– Le cryptage des données utilisateurs et de données de signalisation.

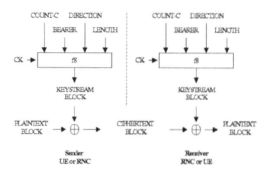

FIGURE 2.3 – Le mécanisme de confidentialité [13]

Le groupe 3GPP a fixé l'algorithme de cryptage f_8 pour crypter les message à envoyer, à l'aide d'une clé symétrique calculée distinctement au niveau de l'USIM et du SGSN, en faisant une addition binaire bit par bit du message et de la clé pour obtenir le message crypté. La même procédure est utilisée au niveau du récepteur pour retrouver le message d'origine.

Les paramètres d'entrée de l'algorithme f_8 sont : la clé de cryptage CK, un paramètre en fonction du temps $COUNT - C$, l'identité du canal porteur $BEARER$, l'identifiant du sens de transmission $DIRECTION$ et la longueur de la clé $LENGTH$. Ces paramètres permettront de générer la clé $KEYSTREAM$ qui permettra de crypter le message à envoyer [13].

L'intégrité des données :

Les grandes étapes suivies pour garantir l'intégrité des données sont :
– Le choix de l'algorithme d'intégrité par le mobile et le réseau serveur.
– Le choix de la clé d'intégrité à utiliser.
– La vérification par l'entité réceptrice (mobile ou réseau) que les données n'ont pas été changées au cours de leurs transmission.

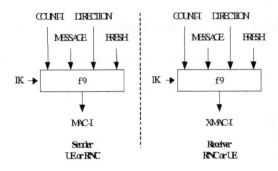

FIGURE 2.4 – Le mécanisme d'intégrité [13]

Les paramètres d'entrée utilisés dans ce mécanisme sont : la clé d'intégrité IK, le nombre de séquence d'intégrité $COUNT - I$, une valeur aléatoire générée par le réseau $FRESH$, le paramètre définissant le sens de transmission $DIRECTION$ et les données $MESSAGE$ [13].

En se basant sur ces paramètres l'utilisateur calcule le code d'intégrité des données $MAC - I$ en utilisant l'algorithme f_9. Le code $MAC - I$ est par la suite ajouté au message qui sera envoyé sur l'interface radio. En recevant le message, le destinataire calcule la valeur $XMAC - I$ de la même manière faite pour $MAC - I$ et compare les deux valeurs pour s'assurer de l'intégrité du message.

2.4.2 Sécurisation du réseau coeur

L'une des faiblesses de sécurité qu'ont connu les réseaux de deuxième génération est la transmission en clair des données relatives à la procédure d'authentification entre les différents réseaux. En effet, même les clés de cryptage des données sur l'interface réseau sont transmises en clair.

La rectification de ces faiblesses n'a été présentée par le réseau UMTS qu'après le choix de l'orientation vers les réseaux tout IP. Vu que l'architecture initiale présentée pour le réseau UMTS n'a pas apporté de véritables modifications pour la partie coeur du réseau UMTS, ce dernier a gardé au début les mêmes faiblesses connues par les réseaux de deuxième génération. Mais après l'introduction du protocole IP au niveau de la couche réseau, de nouveaux protocoles de sécurité ont été adoptés. En effet, pour la protection du domaine réseau, le protocole IPSec a été choisi pour assurer la confidentialité et l'intégrité des communications. De plus, pour augmenter la sécurité au niveau de la signalisation, le protocole SS7 a été remplacé par le protocole MAPSEC qui présente une version sécurisée du MAP [15].

Le protocole IPSec

L'IPSec (Internet Protocol Security) est un protocole de sécurité intégré dans l'IPv6 et qui présente une option pour l'IPv4. Il permet l'authentification et/ou le cryptage des échanges de données entre différentes entités d'un réseau IP. L'IPSec peut être employé en deux modes : le mode transport et le mode tunnel. La majeure différence entre ces deux modes consiste en le changement de l'en-tête du paquet IP [18]. En effet, le mode transport conserve l'en-tête IP originale alors que le mode tunnel encapsule tout le paquet y compris l'en-tête ce qui permet de masquer au maximum le flux d'information [1].

Les principaux mécanismes utilisés dans ce protocole sont :
- L'authentification Header (AH) [RFC 2402] est utilisé pour authentifier l'émetteur des don-nées et assurer l'intégrité de ces derniers en mode non connecté. Un AH peut être introduit dans le mode transport ou dans le mode tunnel.
- L'Encapsulating Security Payload (ESP) [RFC 5406] est un mécanisme qui assure la confi-dentialité des données et la protection partielle contre l'analyse de trafic lorsqu'il est utilisé en mode tunnel et d'autre part il assure l'intégrité des données, l'authentification de l'émetteur et la protection contre le rejoue.
- L'Internet Key Exchange (IKE) est un protocole d'échange de clés.
L'utilisation de ces mécanismes fait appel à l'établissement d'accords entre les différentes enti-tés communicantes sur la mise en place de plusieurs paramètres permettant d'assurer des com-munications sécurisées comme par exemple les algorithmes de cryptage, les tailles et les types de clés,...

C'est ce qui est défini par les associations de sécurité (SA) qui sont définie pour chaque com-munication utilisant L'IPSec. En effet, une association de sécurité est une structure de données définie d'une manière unique pour chaque triplé (adresse de destination des paquets, mode uti-lisé AH/ESP, index des paramètres de sécurité SPI). Cette association permet aux entités com-municantes de se mettre d'accord sur les paramètres d'authentification à utilisés (algorithmes et clés), sur les paramètres de chiffrement et sur le mode IPSec à utiliser.

Le protocole MAPSEC

MAPSEC est une version sécurisée du protocole de MAP (Mobile Application Part). Il vise à introduire les aspects de confidentialité et d'intégrité aux messages MAP. Le MAPSEC est défini en trois modes. Le mode 0 ne fournit aucune protection, le mode 1 assure l'intégrité des messages par contre le mode 2 assure en plus la confidentialité.

La confidentialité est assurée par le cryptages des messages MAP et l'ajout d'une en-tête de sécurité qui indique les paramètres utiles pour le décryptage.

D'autre part, l'intégrité est assurée par la valeur MAC (Message Authentication Code) calculée à partir du message d'origine plus l'en-tête de sécurité. De plus, un paramètre variable est ajouté pour protéger contre le rejoue.

L'utilisation du MAPSEC nécessite l'établissement et la distribution d'associations de sécurité entre les différentes entités du réseau coeur gérées par les KACs (Key Administration Centres).

2.4.3 Sécurisation des couches supérieures

Sécurité de la couche session :

Dans la couche session, différents protocoles sont utilisés pour sécuriser les communications à ce niveau. Les protocoles définis comme les plus adéquats sont le SSL (Secure Socket Layer), SOCKS (Socket Security) et RADIUS (Remote Authentication Dial-In User Service).

Le protocole SSL est basé sur le cryptage à clé publique et est employé pour échanger des clés de sessions entre le client et le serveur afin de crypter les transactions en HTTP. Chaque transaction utilise une clé de session distincte, ce qui minimise les possibilités d'attaques. Le protocole SSL a été développé en TLS (Transport Layer Security) et Wireless TLS qui a été utilisé pour sécuriser les sessions WAP.

D'autre part, SOCKS est un protocole de sécurité qui assure à deux hôtes de communiquer à travers un proxy sans avoir à définir un lien IP direct.

RADIUS est un protocole de sécurité défini pour assurer l'authentification, l'autorisation et la configuration des paramètres entre les serveurs d'accès NAS et les serveurs d'authentification.

Le mécanisme de RADIUS permet à plusieurs serveurs d'accès NAS (Network Access Security) de partager une base de données d'authentification au niveaux des serveurs RADIUS.

En effet, les serveurs d'accès NAS utilisent le modèle client/serveur pour gérer les requêtes des utilisateurs. Ainsi, un serveur d'accès joue le rôle d'un client RADIUS qui passent les informations spécifiques aux utilisateurs au serveur RADIUS. Ce dernier gère les requêtes des utilisateurs en assurant leur authentification puis en configurant les paramètres nécessaires au serveur NAS pour fournir les services demandés par les clients.

Sécurité de la couche application

Plusieurs mécanismes de sécurité peuvent être utilisés au niveau de la couche application parmi lesquels les plus utilisés sont le S-MIME, le PGP et le SET. Ces protocoles sont surtout définis pour les e-mails et le paiement électronique qui sont parmi les services principaux qui sont offerts aux utilisateurs [1].

Le S-MIME est un protocole de sécurité permettant le cryptage et la signature des messages MIME sur Internet. Il est développé par RSA et il est basé sur le cryptage triple DES (Data Encryption Standard) et l'emploi des certificats X.509.

En effet, S-MIME utilise le cryptage à clé publique tandis que la gestion des clés est assurée par Diffie-Hellman. D'autre part l'algorithme SHA-1 (Secure Hash Algorithm #1) est utilisé pour assurer l'intégrité des données.

Un deuxièmes protocole de sécurité est utilisé pour sécuriser les e-mails, c'est le PGP (Pretty Good Privacy). Ce dernier assure la confidentialité et l'authentification des e-mails en mettant en oeuvre des mécanismes de cryptage et de signature numérique.

PGP est basé sur l'algorithme IDEA (International Data Encryption Algorithm) pour le cryptage, RSA pour la gestion des clés et des signatures numériques et l'algorithme MD5 (Message Digest 5) pour l'intégrité.

L'avantage de PGP consiste en la possibilité de son intégration dans des architectures distribuées. En effet, avec ce protocole, on n'a plus besoin de l'intégration d'autorités de certification (CA) puisque chaque mobile génère et distribue sa propre clé publique.Puis chaque mobile signe et sauvegarde la liste de clés publiques dans lesquelles il a confiance.

Toutefois, l'inconvénient de ce mécanisme consiste en la difficulté de la distribution des listes de certificats révoquées. En effet, il n'y a aucune garantie que tous les mobiles ayant confiance en une clé publique auraient une notification de sa révocation.

Le troisième protocole utilisé pour la sécurisation des transactions et paiements électroniques est le SET (Secure Electronic Transactions). Ce dernier a été développé par Visa et Master Card et il se base sur l'utilisation des certificats électroniques pour vérifier les identités des différentes parties participant à une transaction électronique.

2.4.4 Sécurité de l'IMS (Internet Multimedia Subsystem)

Jusqu'ici les protocoles de sécurité spécifiques au réseau d'accès et au réseau coeur présentés par les différents Release du réseau UMTS ont été présentés. Par contre, le Release 5 définit en plus le sous système IMS. Ce dernier est indépendant des réseaux d'accès et coeur. Ce qui implique que sa sécurisation ne peut pas être uniquement fournie par les procédures de sécurité précédemment définis.

En effet, la couche contrôle de l'IMS est basé sur le protocole SIP (Session Initiation Protocol) qui est considéré comme un trafic utilisateur dans le réseau UTRAN. Ce qui signifie que même si la confidentialité des messages est assurée, l'intégrité n'est pas garantie.

La solution qui a été proposée est d'utiliser les mêmes procédures de sécurité précédemment définie mais d'une façon indépendante et propre au protocole SIP en définissant d'autres clés. Toutefois, il n'est pas encore décidé si la protection d'intégrité et de confidentialité sera définie au niveau du protocole SIP lui même ou au niveau des couches inférieures .

2.5   Manques de sécurité :

La proposition des différentes architectures et protocoles au réseau UMTS a bien tenue compte des aspects de sécurité ce qui n'a pas été le cas pour les réseaux mobiles des générations précédentes. Ainsi plusieurs manques de sécurité et faiblesses du réseau mobile ont été surmontés et même les aspects de sécurité qui ont été gardés des autres générations ont été renforcés.

Toutefois, ceci ne nie pas le fait que d'autres vulnérabilités persistent encore et attendent des propositions de procédures de sécurité adéquates.

En effet, parmi les faiblesses de sécurité du réseau UMTS qui sont encore définis, on peut citer :
- La transmission en clair de l'identificateur IMSI des mobiles lors des procédures d'attachement au réseau et avant que les procédures de sécurité ne soient établies.
- Lors de l'établissement d'une connexion, il n'y a pas encore de procédures qui permettent au réseau visité de s'authentifier auprès du mobile, ce qui pourra être un point fertile pour des attaques actives.
- La sécurité au niveau du protocole SIP dépend étroitement des mécanismes de sécurité utilisés dans les couches inférieures. Ceci présente un grand inconvénient lorsqu'on change de réseau.
- Les procédures de sécurité utilisées ne permettent une protection de bout en bout des données confidentielles transmises sur le réseau.
- Les données confidentielles relatives aux utilisateurs ainsi que les outils de sécurité (exp. les clés de cryptage et d'intégrité) sont transmises dans et entre les réseaux au niveau du protocole SIP sans pour autant assurer une protection adéquate à ce niveau.
- Le problème de répudiation persiste encore dans l'architecture actuelle de sécurité.

Dans la suite du livre, les autres aspects de sécurité qui peuvent être employés pour remédier à ces différents problèmes seront traités.

2.6 Conclusion

Dans ce chapitre, l'architecture de sécurité dans les réseaux UMTS a été présentée. Après avoir montré les menaces liés à ces réseaux, les mécanismes de sécurité qui sont intégrés dans les architectures proposées ont été étudiés. A la fin du chapitre, les manques de sécurité qui persistent encore ont été détaillés.

Dans le chapitre suivant, les mesures de sécurité permettant de remédier à ces manques sont introduits.

Chapitre 3

Apports des infrastructures à clé publique

3.1 Introduction

A la fin du chapitre précédent, certains manques de sécurité qui persistent dans le réseau UMTS ont été détaillés. Remédier à ces manques ne peut pas être uniquement fait par l'intégration d'une infrastructure à clé publique sans essayer d'entrer des changements sur elle. En effet, cette infrastructure assure l'authentification, l'intégrité et la confidentialité des données. Toutefois, il faut tenir compte de la nature distribuée du réseau UMTS. De ce fait, la définition d'une bonne procédure d'inter-opérabilité entre les différentes infrastructures à clé publique peut présenter une bonne solution.

3.2 Détermination des objectifs

Comme ça était introduit dans le chapitre précédent, différents problèmes de sécurité existent encore dans le réseau UMTS. Ces problèmes touchent plus à l'authentification, à l'intégrité, à la confidentialité et à la répudiation. En effet, il a été remarqué que malgré l'utilisation des identificateurs temporaires, changés périodiquement, pour les mobiles, les identificateurs d'origine des mobiles (IMSI) sont encore transmis en clair dans le réseau ce qui constitue une vulnérabilité pour le réseau UMTS.

D'autre part, la deuxième faiblesse qui peut être définie se rapporte à l'authentification du réseau visité ou serveur aux mobiles. En effet, alors que l'architecture de sécurité du réseau UMTS a tenu compte de l'authentification du réseau mère au mobile (ce qui n'était pas fait dans les générations précédentes du réseau mobile), elle n'a rien définie pour assurer l'authentification du réseau visité au mobile. Cette vulnérabilité peut causer des attaques actives sur le réseau UMTS.

Pour remédier à ces différents problèmes, le déploiement de l'infrastructure à clé publique (PKI) permet de garantir l'authentification, l'intégrité, la confidentialité et la non répudiation.

Pour ce faire, une infrastructure a clé publique sera introduite dans le réseau UMTS. Ce qui impliquera l'ajout des tâches de gestion et de distribution des certificats au niveau et entre les différentes composantes du réseau UMTS. De plus, cette infrastructure doit tenir compte de l'architecture distribuée d'un réseau UMTS. Ce qui signifie que les mécanismes d'inter-opérabilité entre les différentes autorités de certification doivent être bien précisés pour assurer les vérifications nécessaires des certificats dans les plus courts délais.

Il sera encore impératif de personnaliser l'infrastructure à clé publique qui sera intégrée dans le réseau UMTS pour assurer la facilité d'accéder aux autorités de certification et consulter les états des différents certificats. En effet, il faut bien définir la manière avec laquelle toute entité du réseau pourra vérifier si un certificat a été révoqué ou non dans les plus courts délais.

Le dernier point qui doit être bien respecté concerne l'impact qu'apporteront tous ces change-ments au réseau UMTS. En effet, il faut bien veiller à ce que cette solution n'introduise pas des charges supplémentaires importantes dans le réseau. Ce qui pourra diminuer la qualité de service employée ou augmenter les délais de communication entre les différentes composantes du réseau.

Tous ces critères doivent être pris en compte avant l'intégration d'une infrastructure à clé pu-blique dans le réseau UMTS.

3.3 L'infrastructure à clé publique

Dans le but de sécuriser les transactions électroniques, plusieurs mécanismes de cryptage ont été définis. Parmi eux, le cryptage asymétrique a présenté de grands succès. Ce cryptage est basé sur l'utilisation de deux clés : une publique et une privée.

FIGURE 3.1 – Le cryptage asymétrique

La clé privée est gardée chez son possesseur qui l'utilise pour signer ou décrypter les données. Cette clé est confidentielle et ne doit être connue que par son détenteur.

A cette clé privée, correspond une autre publique qui est publiée à tout le monde. Ainsi, si une personne désire envoyer un message d'une manière sécurisée, elle n'a qu'à utiliser la clé publique du destinataire pour crypter le message. Ce dernier ne pourra être décrypté que par la clé privée correspondante. De cette manière, les communications dans un réseau peuvent être sécurisées par l'échange des clés publiques de tous ses composants.

Le problème qui apparaît à ce niveau est comment prouver qu'une clé publique appartient vraiment à celui qui prétend être son titulaire et que c'est lui la seule personne capable de déchiffrer les données qui seront cryptées avec cette clé publique ?

C'est ainsi qu'apparaît le rôle du tiers de confiance. Celui-ci rassemble les informations relatives à une entité, leurs ajoute la clé publique de cette entité et signe le tout avec sa propre clé privée. Cette structure de donnée est appelé un certificat numérique. La vérification de ce certificat se fait en utilisant la clé publique du tiers de confiance.

3.3.1 Présentation de l'infrastructure à clé publique

L'infrastructure à clé publique présente un système de gestion des clés publiques défini par le groupe PKIX de l'IETF. Elle assure le cryptage, l'intégrité et l'authentification des données échangées ce qui permet de créer un environnement sécurisé pour les échanges électroniques. De plus, elle crée une confiance entre les différentes parties d'un réseau en utilisant la certification électronique. En effet, des tiers de confiances sont définis dans le réseau pour gérer et échanger les certificats au niveau des différents composants d'un réseau [20][19].

Plusieurs fonctions sont définies au niveau d'une infrastructure à clé publique, parmi lesquelles les plus importantes sont :
– la génération des clés privées et des clés publiques,
– la génération des certificats,
– la publication des certificats,
– la révocation des certificats.
Ces fonctions sont traitées aux niveaux des différentes entités constituant la plate-forme à clé publique :
– **L'autorité d'enregistrement (AE) :** c'est elle qui reçoit la demande d'une entité pour avoir un certificat. Après la vérification des données relatives à l'entité, cette autorité assure la création d'une paire de clés (une publique et une privée) qui seront affectées à l'entité voulant avoir un certificat. Par la suite, la clé publique de cette entité accompagnée de ses données relatives seront délivrées à l'autorité de certification.
– **L'autorité de certification (AC) :** elle est chargée de la génération des certificats en signant les informations et la clé publique d'une entité avec la clé privée de l'autorité. Elle assure aussi la révocation des certificats lorsqu'ils ne sont plus crédibles (perte de la clé privée, panne dans le système,...). Suite à la révocation, l'autorité de certification génère une liste contenant tous les certificats révoquées qu'elle signe avec sa clé privée. Cette liste sera par la suite consultée par toutes les entités du réseau désirant vérifier la validité d'un certificat.
– **L'annuaire ou l'unité de publication :** c'est une base de données qui contient tous les certificats générés par une autorité de certification. La fonction principale d'un annuaire est de constituer un point central à partir duquel toute entité désirant communiquer d'une manière

sécurisée avec une autre peut télécharger le certificat du destinataire. De cette manière, tous les composants d'un réseau peuvent obtenir les certificats les uns des autres. En plus des certificats, un annuaire contient la liste des certificats révoqués. Ainsi, la vérification d'un certificat se fait par la consultation de cette liste et la recherche du certificat là-dedans.

D'autres services et fonctionnalités peuvent être ajoutés à une infrastructure à clé publique comme par exemple la fonction d'horodatage qui permet de prouver la date exacte de l'envoie d'un document électronique.

Jusqu'ici l'architecture de base d'une infrastructure à clé publique a été présentée. Mais, vu la multiplicité et la variété des réseaux, plusieurs infrastructures à clé publique sont définis. Ce qui rend les communications entre les différents réseaux en position critique : comment vérifier le certificat d'une entité délivré par une infrastructure à clé publique que la mienne ?

C'est ainsi qu'apparaît l'obligation de définir l'inter-opérabilité entre les différentes infrastructures.

3.3.2 Certificats électroniques

Un certificat électronique est un document numérique qui garantit la correspondance entre une entité et sa clé publique. Cette garantie est assurée par une tierce partie à laquelle toutes les noeuds communicantes font confiance [20].

Un certificat numérique d'identité est caractérisé par les champs suivants :
- **Serial Number** : c'est un identificateur unique qui caractérise un certificat.
- **Issuer :** c'est l'émetteur du certificat qui l'a signé. Cette entité n'est pas forcément une personne physique mais toute entité détenant une clé publique et une clé privée. Ce champ contient la clé publique de l'émetteur ou l'empreinte de cette dernière et non pas un nom d'une personne ou d'une machine.
- **Subject :** c'est le détenteur du certificat. Ce champ définit l'identité du détenteur du certificat.
- **Public Key** : c'est la clé publique du détenteur du certificat.
- **Validity Specification :** c'est la durée de temps pendant laquelle un certificat est valide. Ce champ contient deux temps, le premier représente la date de génération du certificat (début de la validité) et le deuxième représente la date d'expiration du certificat. Après cette date, le certificat doit être renouvelé. Ce champ peut aussi faire référence à l'adresse d'un autre serveur qui doit être consulté pour vérifier la validité de ce certificat. Ce serveur contient aussi une liste de révocation qui est vérifiée à chaque consultation concernant un certificat.

```
Serial Number:        96
Certificate for:      Mohamed
Company:              My_Org
Issued by:            NDCA
Email Address:        name@mail.tn
Activation:           January 5, 2004
Expiration            January 5, 2005
Policy:               Gold, contract signing
Public Key:           78542abc45a542

NDCA digital signature
7854a542fdeac4521253212fdcaabcde524
abc5875defdda5254895486352332663252
```

FIGURE 3.2 – Les champs essentiels d'un certificat

3.3.3 Procédure d'inter-opérabilité entre les PKIs

Plusieurs architectures ont été présentées pour assurer l'inter-opérabilité entre les PKIs des différents opérateurs. Ces architectures ont été conçues pour assurer la reconnaissance de certificats entre les différentes PKIs puis d'assurer le minimum possible de changements aux plateformes pré-existantes. Dans la suite, trois architectures de PKIs proposées pour assurer l'inter-opérabilité entre les PKIs[19] sont présentées.

L'architecture hiérarchique

Une architecture hiérarchique est caractérisée par la présence d'une autorité racine (CA root) qui constitue l'origine de toute la hiérarchie. Sous cette racine, d'autres autorités de certification peuvent être définies. Ces dernières peuvent délivrer directement les certificats aux utilisateurs finaux comme elles peuvent définir d'autres autorités sous elles.

La relation entre ces différentes autorités est verticale et unidirectionnelle. Ainsi, le chemin indiqué pour la vérification des certificats commence à partir de l'autorité racine de toute la hiérarchie tout en indiquant les différentes autorités intermédiaires pour arriver finalement à l'utilisateur final.

D'autre part, les types de certificats que peuvent délivrer les autorités intermédiaires sont bien précisées par l'autorité racine sous laquelle elles sont placées. Par la suite, il n'y aura plus besoin d'indiquer dans le contenu d'un certificat son type.

Cette architecture possède plusieurs propriétés. D'une part, c'est une architecture évolutive puisqu'il est possible d'ajouter une PKI à la hiérarchie en l'intégrant directement sous l'autorité racine ou sous une autre autorité intermédiaire. D'autre part, les chemins des certificats à leur autorité racine sont simples (dû à leurs structures unidirectionnelles) et relativement courts (la longueur est égale à la profondeur de la hiérarchie plus un).

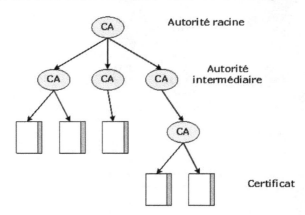

FIGURE 3.3 – L'architecture hiérarchique de la PKI

De plus, les applications pour lesquelles les certificats peuvent être utilisés sont implicitement connues en sachant l'emplacement des autorités sources dans la hiérarchie. Ainsi, les données qui seront inclues dans les certificats sont réduites et par la suite les certificats délivrés dans cette architecture sont plus simple et plus courts que ceux utilisés dans d'autres architectures.

Malgré tous ces avantages présentés par l'architecture hiérarchique, plusieurs autres inconvénients s'opposent à l'adoption de cette architecture.

Le premier inconvénient qui se présente consiste dans le mode centré employé par cette architecture. Ainsi toute panne ou dis-fonctionnement de la racine endommagera tout le reste de la hiérarchie. D'autre part l'établissement d'une confiance en une seule racine s'avère politiquement impossible. Le troisième point qui rend cette architecture non pratique est que l'intégration d'une PKI sous une telle architecture induira une rectification au niveau de tous les certificats des différents utilisateurs pour ajuster leur point de confiance en l'autorité racine de toute la hiérarchie.

L'architecture Mesh PKI

Contrairement à l'architecture précédente, la Mesh PKI (ou la PKI en mailles) présente une architecture où toutes les autorités de certification présentent des points de confiance. En effet, il s'agit de relations de confiance bidirectionnelles et de même niveau (ou Peer to Peer). Ainsi, chaque détenteur d'un certificat aura confiance dans l'autorité qui lui a délivré le certificat.

La structure Mesh PKI est formée lorsque différentes autorités de certification relatives à des plate-formes de certification distinctes s'échangent des certificats. De cette manière, chaque paire de certificats décrit une relation de confiance.

Comme il s'agit de relations d'égal à égal, les autorités de certification ne peuvent pas imposer des conditions sur l'utilisation des certificats délivrés par les autres autorités.

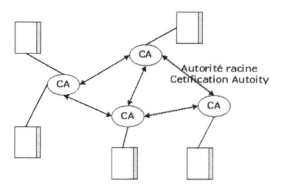

FIGURE 3.4 – L'architecture Mesh PKI

Plusieurs avantages sont présentées par l'architecture Mesh PKI. En effet, cette architecture présente une intégration facile pour d'autres PKIs. Pour ajouter une nouvelle communauté d'utilisateurs, il suffit d'établir des relations de confiance entre l'autorité de certification de cette communauté et les autres autorités de certifications pré-existantes dans l'architecture Mesh PKI. Cette procédure ne nécessite pas de faire des changements au niveau des certificats des utilisateurs finaux. Ces derniers n'ont pas besoin de changer leur point de confiance puisqu'ils ne s'aperçoivent même pas des changements qui ont eu lieu. Cet aspect présente un autre avantage par rapport à l'architecture hiérarchique.

Le dernier avantage résulte du caractère non centralisée de cette architecture. En effet, dans le cas où une autorité perd sa crédibilité, seulement les utilisateurs qui lui sont directement liés seront infectés. Par contre, il suffit de rompre les relations de confiance avec le reste de l'architecture Mesh PKI pour sauver la crédibilité de l'architecture.

Même si l'architecture Mesh PKI présente plusieurs avantages par rapport à l'architecture hiérarchique, d'autres inconvénients sont bien définis. En effet, le premier point remarquable concerne la longueur des chemins vers l'autorité racine d'un certificat. Cette longueur est largement plus importante que celle définie dans une architecture hiérarchique. Alors que cette dernière possède une longueur maximale égale à la profondeur de la hiérarchie, la longueur d'un chemin de certificat dans l'architecture Mesh PKI peut atteindre le nombre total d'autorités de certification qui définissent une architecture.

Cet inconvénient apparaît surtout lors de la découverte d'un chemin vers l'autorité qui a délivré un certificat. Dans ce cas, plusieurs choix se posent devant celui qui désire vérifier un certificat. Le problème qui se pose dans ce cas est que ces recherches peuvent prendre beaucoup de temps pour arriver à l'autorité d'origine comme elles peuvent ne pas aboutir du tout, ce qui induira des pertes en charges et en temps pour le réseau.

Le deuxième inconvénient que présente cette architecture concerne les certificats. En effet, alors que les certificats définis dans l'architecture précédente étaient relativement courts vu que l'emplacement des autorités de certification qui les ont délivrés peuvent donner des informations sur les types d'applications pour lesquelles ils sont conçues, les certificats définis dans l'architecture Mesh PKI sont longs. Ces certificats doivent contenir toutes les informations concernant leurs applications ce qui nécessitera une taille plus importante.

L'introduction du Bridge CA

Comme son nom l'indique l'architecture Bridge CA est définie pour interconnecter plusieurs PKIs ayant des architectures différentes. En effet, cette architecture a été proposée au niveau des États Unis pour assurer l'interconnexion des différentes PKIs utilisées dans le gouvernement et qui possèdent des architectures et des autorités différentes. Ainsi, le but principal de cette architecture était de créer des liens entre des PKIs déjà existantes dont les opérateurs n'acceptaient pas d'apporter des modifications à leurs infrastructures installées [21].

Ainsi, la conception de cette architecture a essayé de surmonter les points faibles des architectures Mesh et hiérarchique précédemment définies tout en respectant le caractère distribué des différentes PKIs.

De ce fait, cette architecture introduit un Bridge CA qui joue le rôle d'un pont de confiance entre les différentes architectures PKIs pré-existantes. Ainsi, un Bridge CA établit des relations de confiance avec les autorités de certification des autres PKIs. En effet, un Bridge CA ne présente pas un point de confiance pour les utilisateurs finaux d'une PKI et par suite il n'est pas responsable de leurs délivrer des certificats.

L'avantage de cette architecture est qu'elle établit des relations de confiance d'égal à égal entre les différentes PKIs en construisant des relations de confiances avec les autorités de certification des ces infrastructures. Ainsi lorsqu'il s'agit d'une architecture hiérarchique, un Bridge CA établit une relation de confiance avec l'autorité root de cette architecture ; et dans le cas contraire, c'est à dire lorsqu'il s'agit d'une architecture Mesh PKI, le Bridge CA établit sa relation de confiance avec une autorité de confiance arbitraire de cette architecture.

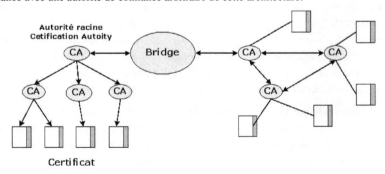

FIGURE 3.5 – L'architecture Bridge CA

L'apport de cette architecture par rapport à la Mesh PKI consiste en la simplicité de la découverte des chemins vers les autorités qui ont délivré les certificats. En effet, il ne s'agit plus de faire des recherches qui peuvent ou non aboutir aux autorités racines puisqu'il suffit que chaque certificat connaît le Bridge CA qui peut acheminer vers son autorité racine. De ce fait, les chemins qui sont définis dans cette architecture sont plus courts que ceux présentés par la Mesh PKI malgré qu'ils restent encore plus longs que ceux d'une architecture hiérarchique.

D'après les différentes caractéristiques de cette architecture, le Bridge CA garantit l'interconnexion des différentes PKIs sans introduire d'importantes modifications aux plate-formes préexistantes. Toutefois, plusieurs autres défis techniques doivent être relevés par cette architecture pour qu'elle soit opérable et optimale.

Le premier point qui doit être réglé concerne l'optimisation des tâches de découverte et de validation des chemins des certificats. En effet, il faut bien définir les architectures qui permettront de ne pas avoir de longs chemins ce qui exigera plus de temps et de charge pour le réseau lors de la validation d'un certificat. Un autre aspect qui ne doit pas être négligé est le fait que l'utilisation d'une architecture Bridge CA avec des PKIs pré-existantes signifie que dans certains segments de cette architecture peut exister encore des architectures Mesh PKI. Ce qui implique que les inconvénients de cette architecture baisseront les performances de l'architecture Bridge CA. En effet, dans ces portions de l'architecture, la recherche et la validation des chemins des certificats prendront des délais importantes si ce n'est pas infinie.

Le troisième point qui doit être étudié concernent les certificats définis dans l'architecture Bridge CA. Vu que toutes les informations permettant de spécifier le type d'un certificat, de construire des relations entre les différentes infrastructures à clé publiques sont contenues dans le certificat, celui-ci connaîtra une taille plus grande ce qui n'est pas souhaité par le réseau. D'autre part, l'importance et la diversité des informations contenues dans un certificat nécessitent qu'elles soient toutes vérifiées ce qui induira des traitements supplémentaires lors de la validation des certificats.

Le dernier point concerne la distribution des informations concernant les certificats. En effet, l'architecture Bridge CA doit définir la procédure avec laquelle les états des différents certificats peuvent être publiés dans le réseau. Pour ce faire, plusieurs propositions ont été faites.

La première proposition était de d'utiliser le protocole X500 pour rassembler tous les états des certificats. Mais le problème est que cette solution nécessite la définition d'un répertoire central qui englobe les informations de tous les certificats des différentes PKIs ce qui est une tâche impossible à réaliser dans un réseau étendu.

La solution remplaçante est l'utilisation d'autres types de publication en utilisant par exemple le protocole LDAP et les serveurs ou ftp. Mais cette solution nécessitera d'implémenter ces différents protocoles au niveau des applications clientes ce qui ne sera pas aussi facile dans des plate-formes déjà installées.

En effet, cette proposition pourra être bien considérée dans le cas où on n'a pas des infrastructures à clé publiques déjà installées qui utilisent différents formes de certificats et différents types de points de distribution.

3.4 L'intégration de la PKI au niveau du réseau UMTS

3.4.1 Architecture globale

Le choix d'une architecture de PKI au niveau interne d'un opérateur reste libre. En effet, la gestion interne d'une PKI ne peut pas être définie d'une manière standard pour tous les opérateurs du réseau UMTS. Par contre, c'est l'inter-opérabilité entre les différentes architectures qui doit être définie d'une manière bien déterminée pour faciliter le déplacement des mobiles entre les réseaux des différents opérateurs.

Pour ce faire, l'architecture Bridge CA est adoptée pour assurer l'inter-opérabilité entre les différentes autorités de certification. Ainsi, au moins une autorité de certification doit être définie au niveau de chaque *HSS* pour délivrer les certificats aux différents mobiles.

De ce fait, les hypothèses suivantes adoptées, les réseaux :
– définissent chacun une architecture PKI indépendante,
– sont liés tous à une architecture Bridge CA,
– délivrent à leurs mobiles des paires de clés (publique et privée) et des certificats numériques.

3.4.2 Procédures liées aux certificats électroniques

Ces procédures sont définis pour tous les mobiles quelques soient les techniques internes qui sont employées par les différents opérateurs :

La procédure de génération

Elle est assurée par les autorités de certification de chaque opérateur. Ces dernières génèrent les certificats électroniques des mobiles et des différents noeuds qui appartiennent au réseau fixe. Par la suite, les différentes entités qui participent à la procédure d'enregistrement seront étudiées.

Pour les certificats des mobiles, ils sont générés dès leurs livraisons aux différents abonnés. Par la suite, le premier certificat d'un mobile est délivré lors de la création de la carte *USIM*.

D'un autre côté, les certificats des différents noeuds du réseau fixe sont générés suite à la demande des administrateurs respectifs.

La procédure de renouvellement

Cette procédure est assurée lorsqu'un certificat atteint la fin de sa période de validité. A ce moment, le mobile envoie une requête de renouvellement à son *HSS*. Cette demande comporte les données liées à l'identité du mobile et la clé publique de ce dernier. Le *HSS* vérifie alors la requête, l'approuve puis il la retransmet à l'autorité de certification adéquate.

Cette dernière signe la requête et génère le nouveau certificat du mobile qui lui sera transmis par la suite.

La procédure de révocation

L'autorité de certification révoque un certificat lorsqu'il devient non valide avant la fin de sa période de validité fixée dans le certificat. En effet, plusieurs causes peuvent rendre un certificat invalide :

- la perte de la carte *USIM*,
- la détérioration de la carte,
- le changement des données inclues dans le certificat concernant l'identité ou la clé publique du mobile,...

Suite à la révocation d'un certificat, une autorité de certification doit déclarer l'opération en générant des listes contenant tous les certificats qu'elle a révoquées. L'un des mécanismes utilisé pour ces listes est le CRL qui se présente comme suit :

FIGURE 3.6 – La forme générale d'un CRL

La procédure de publication

Comme son nom l'indique, cette procédure permet à une autorité de certification de fournir ses données publiques aux différents utilisateurs d'une PKI. De ce fait, une autorité de certification doit en premier lieu assurer la publication des différents certificats et listes des certificats révoquées qu'elle a généré. Ces informations sont très utiles pour la vérification de la validité des différents certificats échangés dans les réseau UMTS. Pour ce faire, les différentes autorités de certification doivent disposer des mécanismes de publication nécessaire. L'un des mécanismes qui assure une haute inter-opérabilité est l'annuaire LDAP (Lightweight Directory Access Protocol).

Chaque autorité de certification est responsable de la publication des certificats qu'elle génère, des certificats qui lui permettent de faire des relations de confiance avec d'autres autorité et des listes des certificats révoqués. D'un autre côté, le Bridge CA peut être configurer pour publier les certificats assurant ses relations de confiance avec les autres autorités de certification, des CRLs des différents autorités qui lui sont liées et des listes de révocation des différents autorités qui lui sont connectées (ARL).

3.5 Conclusion

Dans ce chapitre les différentes propositions servant à la conception de la solution de sécurité dans le réseau UMTS sont définies. Ainsi, le but de ce chapitre était d'introduire et d'expliquer les notions d'infrastructure à clé publique (PKI) sans pour autant les personnaliser selon la solution proposée.

Cette tâche sera accomplie dans le chapitre suivant qui présentera la conception de la solution de sécurité.

Chapitre 4

Le protocole d'enregistrement sécurisé (SPUR)

4.1 Introduction

Dans ce chapitre, le protocole de sécurité permettant de surmonter les différents manques de sécurité qui ont été spécifiés dans le chapitre précédent sera présentée. En effet, SPUR (Secured Protocol for UMTS Registration) présente plusieurs améliorations au niveau de l'authentification et de l'enregistrement du mobile au réseau coeur. De même, SPUR assure un niveau de sécurité plus élevé entre les différents noeuds du réseau coeur.

Au début, les hypothèses qui doivent être respectées pour assurer un bon fonctionnement de SPUR seront présentés. Par la suite, les paramètres qui seront utilisés dans la spécification du protocole seront défines dans la section suivante.

4.2 Hypothèses et paramètres

Cette section définit les hypothèses et les paramètres qui sont définis pour assurer la mise en place du protocole d'enregistrement SPUR. Ces derniers présentent la première phase

4.2.1 Hypothèses de fonctionnement de SPUR

Définition de l'architecture PKI

Le protocole de sécurité est basé sue la mise en place d'une plate-forme à clé publique dans chaque réseau UMTS. Plus précisément, chaque opérateur d'un réseau UTMS doit définir une PKI au niveau de son réseau. Le choix de l'architecture de la PKI employée est laissé à l'opérateur. Chaque opérateur UMTS est libre de définir l'architecture la plus convenable à son réseau. Toutefois, une autorité de certification sera associée à chaque HSS. Cette dernière permettra la génération des certificats d'identité pour les différents abonnés du réseau. De ce fait, au niveau d'un réseau UMTS :

– chaque abonné possède un certificat d'identité qui lui est strictement personnel et qui est sauvegardé au niveau de la carte ISIM,

– chaque entité du réseau coeur qui participe à la procédure d'enregistrement ou d'authentification d'un mobile doit posséder un certificat d'identité qui lui est propre.

D'autre part, les différentes autorités de certification doivent avoir des relations de confiance avec un Bridge CA. Ce dernier assure l'interconnexion des différentes PKIs pour faciliter les opérations de construction et de validation des différents chemins des certificats spécialement durant le déplacement des mobiles entre des réseaux de différents opérateurs.

Définition du protocole de signalisation

Le protocole de signalisation qui sera utilisé entre les différents noeuds du réseau fixe doit permettre l'utilisation des certificats électroniques lors de l'établissement de connexions sécurisées. On peut choisir par exemple le protocole de signalisation SIP-EAP-TLS. Ce dernier présente une extension du protocole SIP pour utiliser le protocole TLS qui permet la sécurisation des échanges entre les différents noeuds suite à l'établissement des clés symétriques.

4.2.2   Paramètres du protocole SPUR

Plusieurs paramètres sont définis durant le fonctionnement de SPUR

– $IMPI$ et $IMPU_i$ sont respectivement l'identité privée et l'identité publique numéro i du mobile,

– K_{PX} , k_{pX} sont respectivement la clé publique de l'entité X et la clé privée qui lui correspond,

– $Cert_X$ présente le certificat d'identité de l'entité X.

– $Cert_{HP}$ est le certificat d'identité délivré par le HSS au $PCSCF$. Ce certificat garantie que le HSS a bien authentifié le $PCSCF$.

– $Cert_{HS}$ est le certificat d'attribut délivré par le HSS au $SCSCF$. Dans ce certificat le HSS assure à son mobile que ce $SCSCF$ va réellement lui offrir le service qu'il a demandé,

– ID_X présente l'identificateur de l'entité X. Cet identificateur peut être choisi comme une adresse IPv6 de l'entité,

– AK est la clé d'authentification partagée entre le mobile et son HSS.

– K_{si} est la clé de session établie entre le $PCSCF$ et le mobile,

– req_i et res_i sont respectivement le *challenge* et la *response* utilisés entre le mobile et le HSS durant l'établissement de la clé K_{si},

– AV_i est le vecteur d'authentification i défini par le HSS pour qu'il soit envoyé au $SCSCF$. Ce vecteur a la même structure que celle définie au niveau des 3GPP.

4.3   Spécification du protocole SPUR

4.3.1   Protocole d'enregistrement

Une fois que les hypothèses et les paramètres sont définis, le protocole d'enregistrement sécurisé
SPUR sera présenté dans la suite. La Figure 4.1 montre les principales phases de SPUR.

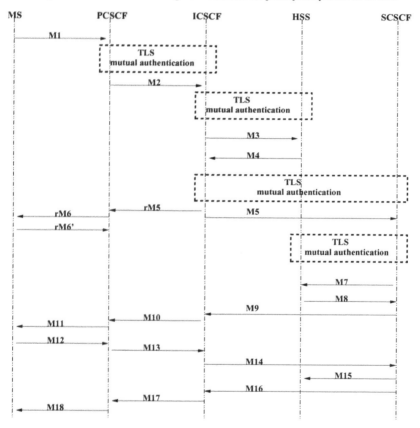

FIGURE 4.1 – Le protocole d'enregistrement

Transmission de la demande d'enregistrement à partir du mobile

Suite à l'authentification au réseau d'accès et à l'établissement de la procédure PDP Attach, le
mobile peut bénéficier des services offerts par l'IMS. Pour ce faire, le mobile commence par la
récupération de la dernière valeur SEQ_i qu'il a sauvegardé après le dernier enregistrement réussi
qu'il a effectué. Dans le cas où il s'agit d'un premier enregistrement, $SEQ_1 = 1$. Le mobile signe
par la suite SEQ_i et son identité privée avec sa clé privée k_{pMS}. Puis, il crypte le tout avec la

clé publique de son *HSS*. Le nombre SEQ_i permettra de s'opposer contre l'attaque anti-replay en assurant la synchronisation et le rafraîchissement des liaisons établies entre le mobile et son *HSS*.

De plus, le mobile envoie son certificat numérique, le certificat numérique de son *HSS* et son identité publique *IMPU*. Toutes ces données sont insérées dans le message M_1 :

$$M_1 = \{E = [(IMPI, SEQ_i)_{-k_{pMS}}]_{-K_{PHSS}}, Cert_{MS}, Cert_{HSS}, IMPU\}$$

M_1 est envoyé dans le message *SIP Register* au *PCSCF*.

Traitement au niveau du $\mathscr{PCSCF}$

Le *PCSCF* extrait l'identité du réseau mère du mobile et déduit l'adresse du *ICSCF* auquel il va transmettre le message. Par la suite, le *PCSCF* établit une connexion sécurisée avec le *ICSCF* en utilisant le protocole TLS au niveau du protocole SIP. Pour ce faire, le *PCSCF* et le *ICSCF* s'authentifient mutuellement par leurs certificats numériques respectifs. Dans le cas où les deux parties n'appartiennent pas au même opérateur, le *Bridge CA* assure la procédure de vérification des certificats des deux parties.

Une fois authentifiés, les deux intervenants établissent une clé de session qui permettra de protéger les échanges des données qui vont suivre. Le *PCSCF* retransmet au *ICSCF* les données envoyées par le mobile.

Traitement au niveau du $\mathscr{ICSCF}$

A ce stade, le *ICSCF* identifie l'adresse du *HSS* relatif au mobile. Il établit, par la suite, une connexion sécurisée à l'aide du protocole TLS avec le *HSS*. Une fois l'authentification mutuelle est réussie, le *ICSCF* et le *HSS* établissent une clé de session symétrique qui permettra la sécurisation des données échangées entre ces deux noeuds. Le *ICSCF* transmet alors dans le message M_3 les données envoyées par le mobile en plus du certificat du *PCSCF*.

Vérifications au niveau du $\mathscr{HSS}$

De sa part le *HSS* initie la procédure de vérification de l'identité du mobile. En effet, il commence par vérifier la validité du certificat du mobile. Dans le cas où le certificat est valide, le HSS décrypte la partie E du message puis il vérifie la signature du mobile. Ensuite, le *HSS* extrait l'identité privée du mobile et le numéro de séquence qu'il a envoyé. Deux vérifications importantes sont faites à ce stade là.

La première concerne l'identité privée du mobile. Le *HSS* vérifie d'abord l'existence de l'identité privée dans ses bases de données. Ensuite, il vérifie si le mobile est autorisé à bénéficier des services qu'il a demandé. Dans le cas positif, le *HSS* passe à la deuxième vérification qui concerne la synchronisation. Le *HSS* vérifie si le numéro de séquence est acceptable ou non. Ceci signifie qu'il appartient aux derniers numéros de séquences qui ont été générés par le *HSS* durant la procédure d'authentification précédente réussie. Dans le cas où le numéro de séquence est répété ou il est n'appartient pas à l'ensemble de numéros générés par le *HSS*, ce dernier informe le mobile pour faire une procédure de re-synchronisation.

Par contre, dans le cas où le numéro de séquence est bien vérifié, le *HSS* détermine l'adresse du *SCSCF* qui peut offrir les services demandés par le mobile.

D'un autre côté, le *HSS* authentifie le *PCSCF* par la vérification de la validité de son certificat. Une fois vérifiée, le *HSS* génère un certificat d'identité $Cert_{HP}$ dans lequel il signe l'identité et la clé publique du *PCSCF* :

$$Cert_{HP} = (K_{PPCSCF}, ID_{PCSCF}, \delta Cert_{HP})\_k_{pHSS}$$

Ce certificat est caractérisé par une durée de vie limité $\delta Cert_{HP}$ qui est fixée par l'opérateur.

Le but de la génération de $Cert_{HP}$ est de permettre l'authentification du réseau d'accès aux services IP au mobile. En effet, ce certificat permet au mobile s'assurer que son *HSS* a bien authentifié le réseau d'accès aux services IP. Ainsi, le mobile pourra établir des connexions sécurisés avec ce réseau. D'autre part, la durée de vie de ce certificat doit être limitée pour ne pas avoir recours à l'utilisation des listes des certificats révoquées (CRL) à ce niveau là. Dans le cas où la durée de vie d'un certificat expire alors que le mobile est encore connecté au même réseau d'accès, le *PCSCF* envoie une demande de renouvellement au *HSS*. Cette demande comporte le certificat du *PCSCF* et son identité. Après l'authentification du *PCSCF*, le *HSS* génère un autre certificat $Cert_{HP}$ qui sera présenté par le *PCSCF* à tous les mobiles appartenant à ce *HSS*.

Finalement, le *HSS* envoie le message M_4 au *ICSCF* comportant l'adresse du *SCSCF* auquel doit être retransmis la demande d'enregistrement en plus du certificat $Cert_{HP}$.

En recevant M_4, le *ICSCF* accomplit deux procédures séparées :

1- Transmission de message vers le $\mathscr{PCSCF}$

D'une part, le *ICSCF* envoie un message rM_5 au *PCSCF* dans lequel il insère le certificat $Cert_{HP}$ et l'identité publique du mobile. Ce message présente un acquittement implicite au *PCSCF* indiquant que le mobile a été authentifié au niveau de son *HSS*. Le *PCSCF* commence alors l'établissement d'une connexion sécurisée avec le mobile. D'abord, il génère une clé de session symétrique K_{si} et un challenge req_i. Ensuite, le *PCSCF* signe ces deux paramètres avec sa clé privée k_{pPCSCF} et les crypte avec la clé publique du mobile K_{PMS}. Il constitue par la suite le message rM_6 contenant les paramètres suivants :

$$rM_6 = \left\{ E' = [(K_{si}, req_i)\_k_{pPCSCF}]\_K_{PMS}, Cert_{HP}, IMPU \right\}$$

A la réception de rM_6 le mobile vérifie la signature de son *HSS* sur le certificat $Cert_{HP}$. Si le résultat est positif, le mobile décrypte E' et retrouve la clé de session K_{si}. Par la suite, le mobile calcule la réponse $res_i = (req_i)\_K_{si}$ et la transmet au *PCSCF* dans le message rM_6'. Si la vérification de res_i est vérifiée, une session sécurisée est ainsi établit entre le mobile et le *PCSCF*.

2- Établissement de connexion avec le $\mathscr{SCSCF}$

D'autre part, le *ICSCF* extrait l'adresse du *SCSCF* indiquée par le *HSS* dans M_4. Il commence la procédure d'établissement de connexions sécurisées avec le *SCSCF* se basant sur le protocole TLS. Par la suite, le *ICSCF* retransmet la demande d'enregistrement du mobile au *SCSCF*. Ce dernier extrait l'adresse du *HSS* et initie les procédures du protocole TLS afin d'établir une connexion sécurisée avec lui. Le *SCSCF* envoie, par la suite, la partie E au *HSS* qui se charge d'authentifier le mobile par la vérification de son certificat et de son identité privée. Le *HSS* génère alors les vecteurs d'authentification $\{AV_i\}_{0<i\leq n}$ tel que

$$AV_i = \{RAND_i, REQ_i, RES_i, XRES_i, IK_i, CK_i\}.$$

D'autre part, le *HSS* extrait les N autres identités publiques qui identifient le mobile s'ils existent. Il signe ensuite l'ensemble contenant les vecteurs d'authentification qu'il a généré et les identités publiques du mobile puis il crypte le tout avec la clé publique du *SCSCF* pour former

$$E'' = [(\{AV_i\}_{0<i\leq n}, \{IMPU_j\}_{0<j\leq N})\_k_{pHSS}]\_K_{PSCSCF}$$

Le *HSS* génère aussi un certificat d'attribut dans lequel il signe que le *SCSCF* offre l'ensemble des services demandés par le mobile. Ainsi le certificat $Cert_{HS}$ est caractérisé par les paramètres suivants :

$$Cert_{HS} = (ID_{SCSCF}, services, \delta Cert_{HS})\_k_{pHSS}$$

Ce certificat permettra au mobile d'authentifier le *SCSCF* qui lui fournit les services demandés. $Cert_{HS}$ est caractérisé par une durée de vie limitée fixée par l'opérateur permettant la non utilisation de CRLs pour ces types de certificats tout en garantissant le niveau de sécurité offerts par ces certificats.

De plus, la condition suivante est assurée $\delta Cert_{HS} < \delta Cert_{HP}$ pour assurer la continuité de la connexion lors de la fourniture du service.

Finalement, le *HSS* envoie le message $M_8 = (E'', Cert_{HS})$ au *SCSCF*. Il met aussi à jour les informations relatives au mobile concernant sa localisation, sa demande actuelle d'enregistrement et le *SCSCF* qui est entrain de traiter la demande d'enregistrement. Toutefois, le *HSS* attend le résultat de l'opération d'enregistrement pour lancer les applications de comptabilité relatives au mobile.

De sa part, le *SCSCF* décrypte E'' et vérifie la signature du *HSS*. Ensuite, le *SCSCF* choisit un vecteur d'authentification AV_i et en extrait les paramètres $RAND_i$ et $AUTN_i$ qu'il envoie avec le certificat $Cert_{HS}$ au mobile dans le message M_9.

Le mobile vérifie l'intégrité de ces paramètres et la valeur du numéro de séquence qu'il extrait des deux paramètres. Il vérifie aussi la signature de son *HSS* sur le certificat $Cert_{HS}$. Dans le cas où les deux vérifications sont accomplies avec succès, le mobile calcule le paramètres RES_i qu'il envoie par la suite au *SCSCF* dans le message M_{12}. De plus, le mobile calcule les clés symétriques d'intégrité IK_i et de confidentialité CK_i.

Ce dernier vérifie la correspondance entre les valeurs de RES_i et $XRES_i$ qui est contenue dans le vecteur d'authentification AV_i. Si RES_i est vérifiée, le *SCSCF* informe le *HSS* que la procédure d'enregistrement est faite avec succès. D'un autre côté, le *SCSCF* détermine la durée de vie T de cet enregistrement en tenant compte des durées de vie des certificats $Cert_{HS}$ et la *CRL* contenant la liste des certificats révoquées. Le *SCSCF* envoie, par la suite, la valeur de $T - dt$ protégée avec les clés symétriques d'intégrité IK_i et de confidentialité CK_i, dt étant la valeur maximale de temps que la transmission d'un message peut prendre entre le mobile et le *SCSCF*.

4.3.2   Protocole de Re-enregistrement

Lorsque la durée de vie d'un enregistrement vient à ses termes et que le mobile désire encore bénéficier des services offerts par le *SCSCF*, une demande d'enregistrement doit être initiée. Le mobile envoie alors l'identifiant avec lequel il veut s'enregistrer et la dernière valeur RES_i qu'il a calculé pour l'enregistrement courant dans le message R_1. Ce message est protégé en intégrité avec la clé d'intégrité IK_i définie pour l'enregistrement courant.

A la réception de ce message, le *SCSCF* vérifie son intégrité et la valeur de RES_i. Si la vérification est réussie, le *SCSCF* sélectionne un autre vecteur d'authentification AV_j. Il en extrait les nouvelles valeurs de $RAND_j$ et $AUTN_j$ qu'il enverra au mobile en utilisant la clé d'intégrité IK_j.

De sa part, le mobile vérifie le numéro séquentiel SEQ_j et l'intégrité respective des données relatives au *HSS* et au *SCSCF*. Dans le cas où ces deux vérifications sont réussies, le mobile calcule les nouvelles clés d'intégrité IK_j et de cryptage CK_j, en plus de la réponse RES_j qu'il envoie au *SCSCF* dans le message R_3.

Le *SCSCF* vérifie la correspondance entre les valeurs de RES_j et de $XRES_j$. Il détermine, par la suite, la durée de vie de ce nouvel enregistrement $T - dt$ en tenant compte des mêmes critères précisées précédemment. Dans le massage suivant R_4, le *SCSCF* envoie un acquittement au mobile en plus de la valeur de la durée du nouvel enregistrement.

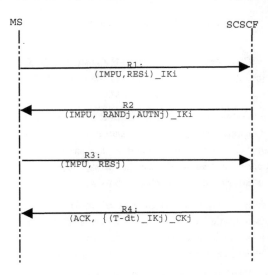

FIGURE 4.2 – Le protocole de Re-enregistrement

4.4   Gestion des associations de sécurité

Au cours de la procédure d'enregistrement, SPUR introduit l'établissement de deux nouveaux types d'associations de sécurité qui sont liées au mobile. Le premier type est établit entre le mobile et le *PCSCF* par contre le deuxième est établit entre le mobile et le *SCSCF*. D'un autre côté, d'autres associations de sécurité sont établis entre les différents noeuds du réseau coeur. Ces associations permettent le maintien et contrôlent le respect des mesures de sécurité mises par les deux parties communicantes afin de protéger le trafic de données échangées entre eux.

Dans cette section, les nouvelles associations de sécurité introduites par le protocole SPUR seront présentés. Pour ce faire, la détermination des paramètres utilisés dans les associations de sécurité sera faite au début, puis le mécanisme d'établissement des associations de sécurité sera défini et finalement le mécanisme de gestion de ces associations sera présenté.

4.4.1   Définition des paramètres des associations de sécurité

Les associations de sécurité définies entre le mobile et le réseau coeur sont caractérisées par les paramètres suivantes :
– Un identificateur unique qui caractérise une association unidirectionnelle. En effet, chaque communication est sécurisée par deux associations de sécurité unidirectionnelles. Chacune de ces associations possède un identificateur unique. De ce fait, au niveau de chaque élément du réseau, un identificateur doit être utilisé uniquement pour une seule association.

– Les adresses et les identifiants des noeuds sources et destinations. Pour le mobile deux champs sont utilisés pour le définir à savoir son adresse IP et son identité publique avec laquelle il désire s'enregistrer. Il est à noter que l'identité privée du mobile n'est pas utilisée au niveau de la définition d'une association de sécurité puisqu'elle n'est plus visible par les éléments du réseau autres que le *HSS*. Pour les autres éléments du réseau, ils sont caractérisés par leurs adresses IP. Par la suite, un champ source ou destination d'une association de sécurité peut être occupée par une adresse IPv6 ou par un identifiant *IMPU*.

– Les algorithmes d'intégrité, d'authentification et de cryptage. Ces algorithmes sont choisies par les parties communicantes au cours de l'établissement des associations. De de fait, le mobile et les différents noeuds du réseau doivent supporter un ensemble d'algorithmes de telle manière qu'au moins une combinaison peut être établie. Pour ce faire, des accords et des politiques doivent être établies entre les différents opérateurs.

– Les clés de sécurité sont des clés symétriques qui sont établies lors de la création des associations et qui sont partagées entre les parties communicantes. Les caractéristiques des clés sont liées aux algorithmes avec lesquels elles seront utilisées. Chaque association de sécurité est caractérisée par l'utilisation d'une clé symétrique pour chaque algorithme utilisé.

– La durée de vie d'une association. Ce paramètre est fixé par les deux parties communicantes pour chaque association de sécurité. La détermination de ce paramètre doit respecter les techniques de sécurité employées. En effet, dans le cas d'utilisation des certificats électroniques, ce paramètre doit tenir en compte la durée de validité des certificats ainsi que la fréquence de génération des listes de révocation.

4.4.2 Établissement des associations de sécurité

SPUR introduit deux types d'associations de sécurité dans lesquels le mobile est impliqué. La première association est établie entre le mobile et le *PCSCF* et la deuxième est définie entre le mobile et le *SCSCF*. Ces deux associations sont complètement indépendantes, de plus elles sont caractérisées par des paramètres différents.

Associations de sécurité entre le mobile et le $\mathscr{PCSCF}$

La procédure d'établissement de la première association de sécurité commence lorsque le mobile envoie le premier message d'enregistrement. En effet, le message M_1 contient aussi les paramètres nécessaires pour assurer les négociations entre le mobile et le *PCSCF*.

De ce fait, le message M_1 inclue l'identité publique du mobile *IMPU*, son adresse IP, la liste des algorithmes qu'il supporte, son certificat d'identité et l'identificateur unique de l'association.

$$SA_{P1} = (IMPU, @IPv6source, @IPv6destination, Integrity\,algorithms,$$

$$Confidentiality\,algorithms, Authentication\,algorithms, Cert_{MS}, SPI_{P1}) \subset M_1$$

A la réception de ces données, le *PCSCF* les sauvegarde et attend le message rM_5 pour terminer les négociations. Ce message présente le résultat de l'authentification du mobile auprès de son *HSS*.

Dans le cas où le mobile n'a pas été authentifié, le *PCSCF* interrompt la procédure d'établissement des associations de sécurité et efface les données concernant le mobile. Si ce dernier désire reprendre l'opération d'enregistrement, une nouvelle procédure d'établissement des associations de sécurité doit être refaite.

Dans le cas où le mobile a bien été authentifié, le *PCSCF* reprend la procédure d'établissement des associations. En premier lieu, il spécifie l'identificateur unique de l'association concernant les données sortantes à partir du *PCSCF* et arrivant au mobile. En plus, le *PCSCF* spécifie la liste des algorithmes qu'il supporte. La détermination de cette liste tiendra compte de la première liste qui a été envoyée par le mobile dans le message M_1. Par la suite les algorithmes choisis par le *PCSCF* seront utilisés dans les deux associations de sécurité concernant les données échangées dans les deux sens entre le mobile et le *PCSCF*.

Les paramètres suivants qui sont précisés par le *PCSCF* sont les clés de session qui seront utilisées pour protéger l'intégrité et la confidentialité des données. Ces clés sont calculées par le *PCSCF* et seront changées avec chaque association de sécurité.

De plus, le *PCSCF* détermine la durée de vie de l'association de sécurité et ceci en tenant compte de deux paramètres importants :
– la durée de validité du certificat $Cert_{HP}$
– la durée de validité de la *CRL* générée par le *HSS*.
De ce fait, la durée de vie d'une association de sécurité doit être strictement inférieure et inclue dans l'intervalle d'intersection de ces deux variables. Dans le cas où l'une des deux durées de validité risque d'expirer, le *PCSCF* doit faire ou bien une procédure de renouvellement du certificat $Cert_{HP}$ ou bien une récupération d'un nouveau *CRL* avant de terminer la procédure d'établissement des associations de sécurité.

A la fin, le *PCSCF* calcule un challenge req_i qui servira pour terminer la procédure d'établissement. Le *PCSCF* forme alors la partie SA_2 qu'il inclura dans le message rM_6.

$$SA_{P2} = (SPI_{P2}, @IPv6source, @IPv6destination, IMPU, Integrity\,algorithm,$$

$$Confidentiality\,algorithm, Authentication\,algorithm,$$

$$[(\{K_{si}\}, req_i)_-k_{pPCSCF}]_-K_{PMS}, lifetime, Cert_{HP})$$

Après la vérification de $Cert_{HP}$, le mobile décrypte les clés symétriques et la requête req_i et vérifie la signature du *PCSCF*. Par la suite, le mobile sauvegarde les paramètres caractérisant cette association. Le mobile effectuera en plus le calcul de $res_i = (req_i)_-K_{si}$ et l'enverra dans le message rM_6' au *PCSCF*.

A la réception, le *PCSCF* vérifie la correspondance entre res_i et req_i. Si la réponse est vérifiée, les associations de sécurité sont ainsi établies avec succès. Tous les messages qui suivront seront protégés à l'aide des paramètres définis par ces deux associations.

Associations de sécurité entre le mobile et le $\mathscr{SCSCF}$

Dans le but d'assurer une protection de bout en bout, des nouvelles associations de sécurité sont définies entre le mobile et le *SCSCF*. Par la suite, les deux parties communicantes peuvent s'assurer du niveau de sécurité des données quelques soient les noeuds ou les réseaux par lesquels ces dernières passent durant leurs transmissions. SPUR exige l'introduction de ces nouvelles associations de sécurité au niveau du protocole SIP lors de la procédure d'enregistrement.

L'établissement de la première association de sécurité commence à partir du message M_1 envoyé par le mobile. M_1 contient donc les paramètres déterminés par le mobile qui serviront à la spécification de la première association de sécurité.

De ce fait, le mobile spécifie dans M_1 l'identificateur unique SPI_{S1} de l'association avec le *SCSCF*, la liste des algorithmes qu'il supporte, son adresse IP, son identifiant publique *IMPU* avec laquelle il va s'enregistrer et le certificat de son *HSS* :

$$SA_{S1} = (SPI_{S1}, IMPU, @IPv6source, @IPv6destination, Integrity\,algorithms,$$

$$Confidentiality\,algorithms, Authentication\,algorithms, Cert_{HSS})$$

A la réception de ce message, le *SCSCF* sauvegarde les données spécifiant l'association et procède à la procédure d'authentification du mobile auprès de son *HSS*. Une authentification réussie résulte en la génération des vecteurs d'authentification. Ces derniers sont sauvegardés cryptés au niveau du *SCSCF*. Ils maintiennent les paramètres des associations de sécurité encore inactives. En fait, l'idée apportée par SPUR est d'utiliser les vecteurs d'authentification comme des associations de sécurité. Par la suite, au niveau du *SCSCF* une base de données contenant les vecteurs d'authentification cryptés avec la clé publique du *SCSCF* et relatifs à chaque mobile enregistrés ou en cours d'enregistrement.

Le *SCSCF* choisit le vecteur d'authentification qu'il va utiliser pour le mobile, le décrypte et en extrait les paramètres $RAND_i$ et $AUTN_i$. Ces derniers seront envoyés au mobile dans le message M_9 avec la liste des algorithmes qui seront utilisés dans l'association, l'identificateur unique de l'association et le certificat $Cert_{HS}$.

$$SA_{S2} = (SPI_{S2}, @IPv6source, @IPv6destination, IMPU, Integrity\,algorithm,$$

$$Confidentiality\,algorithm, Authentication\,algorithm, Cert_{HS})$$

En recevant ce message, le mobile authentifie son réseau mère. De plus, il authentifie le *SCSCF* en vérifiant le certificat $Cert_{HS}$ signé par le *HSS*. Par la suite, le mobile calcule la valeur RES_i et les clés d'intégrité IK_i et de confidentialité CK_i qui seront utilisées dans cette association. Le mobile sauvegarde alors les paramètres relatifs à l'association et envoie la valeur RES_i au *SCSCF*. Ce dernier vérifie la correspondance entre RES_i et $XRES_i$ pour poursuivre la procédure d'établissement des associations.

Il est à noter que jusqu'ici la durée de vie des deux associations n'est pas encore déterminée. Le *SCSCF* passe alors à la fixation de ce paramètre tout en tenant compte des périodes de validité respectivement du certificat $Cert_{HS}$ et de la liste des certificats révoqués par le *HSS*.

La durée de vie T des deux associations doit être inférieure et inclue dans l'intervalle d'intersection des deux périodes de validité des deux certificats. dans le cas où cette condition ne peut pas être vérifiée, le *SCSCF* est tenue de récupérer de nouveaux certificats.

Dans le message suivant qui sera envoyé vers le mobile, le *SCSCF* détermine la durée de vie de l'association qu'il fixe à $T - dt$, dt étant la durée de temps maximale que peut prendre la transmission d'un message entre le mobile et le *SCSCF*.

Le mobile sauvegarde la valeur de $T - dt$ après laquelle il doit renouveler l'association de sécurité s'il désire maintenir son enregistrement. En effet, l'établissement d'une nouvelle association de sécurité entre le mobile et le *SCSCF* sera faite au cours d'une procédure de re-enregistrement.

Suite à l'établissement des associations de sécurité, toutes les données qui sont transmises par la suite entre le mobile et le *SCSCF* sont protégées de bout en bout en intégrité et en confidentialité.

4.4.3   Gestion des associations de sécurité

L'introduction des associations de sécurité pour le protocole SIP mène obligatoirement à la définition des méthodes de gestion de ces associations au niveau des différents participants. Deux types de bases de données sont introduites pour assurer une gestion sécurisée des différentes associations définies entre les noeuds du réseau.

La première base *SIP Security Association Database* (*SSAD*) sert à la sauvegarde des associations de sécurité qui sont encore actives. Cette base est mise à jour à chaque établissement, expiration ou suspension d'une association de sécurité. Le contenu de cette base est donc variable selon le type et le nombre des communications établies par un noeud.

La deuxième base de données *SIP Security Policy Database* (*SSPD*) contient les politiques de sécurité fixées par l'administrateur seul capable d'y introduire des modification. *SSPD* gère toutes les communications qui peuvent effectuées par un noeud. Elle permet de fixer la politique de sécurité d'un noeud envers toutes les données entrantes et sortantes. Trois décisions peuvent être prises à partir de cette base :
– détruire les données,
– laisser passer les données sans interventions,

– appliquer les mécanismes de sécurité sur les données.

Dans le cas du choix de la troisième décision, la *SSPD* fixe les règles de sécurité qui doivent être appliquées sur un flux de données. Ces règles sont fixées par l'administrateur de telle manière qu'il régie les types de données selon leurs sources, leurs destinations et leurs contenus.

De ce fait, chaque *SSPD* sera alimentée en respectant les conventions et les accords qui sont faits entre les différents opérateurs. De cette manière les classes de sécurité qui sont affectées aux types de données et à la nature des services demandés par un abonné au réseau UMTS peuvent être introduites. Ce qui implique qu'à l'aide de *SSPD* la sécurité peut être définie comme une qualité de service demandée par les abonnés au réseau UMTS et qui est tenue en compte par les différents fournisseurs de services.

Une autre caractéristique des bases *SSPD* concerne l'ordre dans lequel les règles de sécurité sont introduites. Ce dernier présente une grande importance vu qu'il maintient la granulite des politiques de sécurité. En effet, lors du traitement d'un flux de données, le système va s'arrêter à la première règle contenue dans la *SSPD* qui peut être appliquée. Par la suite, les règles de sécurité les plus strictes ou les plus restreintes doivent être introduites en haut de la base.

4.5 Conclusion

Dans ce chapitre, le protocole d'enregistrement sécurisé SPUR a été présenté. L'intégration de ce protocole induit d'autres changements et adaptations au niveau des associations de sécurité des différents noeuds du réseau. Toutefois, les mesures de sécurité qui sont introduits par SPUR définissent de nouvelles charges et traitements au niveau du réseau UMTS. Dans le chapitre suivant, deux études d'évaluation du protocole SPUR seront réalisés afin d'analyser les effets de l'utilisation de ce protocole dans le réseau UMTS.

Chapitre 5

Évaluation du protocole SPUR

5.1 Introduction

Dans ce chapitre, une évaluation du protocole d'enregistrement sécurisé SPUR sera présenté. Celle-ci touchera les côtés qualitatifs et quantitatifs qui sont liés à SPUR. En effet, la première partie de ce chapitre présentera une étude des apports en sécurité caractérisant le protocole SPUR. Dans ce but, une étude comparative de SPUR avec d'autres procédures d'enregistrement sera faite. La deuxième partie du chapitre présentera une étude quantitative du protocole SPUR. En effet, l'influence de SPUR sur la charge et sur les taux d'erreur qui sont définis au niveau du réseau UMTS sera étudiée à la fin du chapitre.

5.2 Les apports de SPUR en sécurité

SPUR garantie un niveau de sécurité élevé durant la procédure d'enregistrement et d'accès aux services offerts par les réseaux UMTS. En effet, il permet d'assurer quatre fonctions de la sécurité à savoir l'authentification, l'intégrité, la confidentialité et la non-répudiation entre le mobile et le réseau coeur et au sein du réseau coeur lui même.

5.2.1 Authentification

SPUR présente quatre types d'authentification mutuelle différentes entre les différents noeuds participants à la procédure d'enregistrement :

Authentification mutuelle entre le mobile et le réseau d'accès

Le protocole d'enregistrement sécurisé assure une authentification mutuelle entre le mobile et le *PCSCF*. D'une part, le *PCSCF* peut s'assurer de l'identité du mobile auprès de son *HSS* avant d'atteindre le *SCSCF*. L'authentification à ce niveau permet de diminuer le nombre de messages émis dans le réseau puisqu'elle permet au *PCSCF* de prendre la décision de maintenir ou de couper la communication avec la mobile. Cette authentification se fait à l'aide de deux moyens à savoir le certificat électronique et l'identité privée du mobile. Dans le cas où le mobile est authentifié, le *PCSCF* termine la procédure d'établissement des associations de sécurité avec le mobile. Dans le cas contraire, le *PCSCF* suspend la communication avec le mobile.

D'un autre côté, le mobile a la possibilité d'authentifier le *PCSCF* à travers son *HSS*. Ce dernier s'assure de l'identité du *PCSCF* en vérifiant son certificat électronique. Une authentification réussie résulte en la génération d'un certificat contenant l'identité et la clé publique du *PCSCF* et signé avec la clé privée du *HSS*. Ce certificat sera, par la suite, présenté au mobile pour authentifier le *PCSCF*. Si le résultat de la vérification de ce certificat est positive, le mobile maintient la communication avec le *PCSCF* et termine l'établissement des associations de sécurité. Sinon le mobile suspend la communication avec le *PCSCF*.

Authentification mutuelle entre le mobile et le fournisseur de services

SPUR assure l'authentification mutuelle entre le mobile et le *SCSCF*. Le *SCSCF* authentifie le mobile en deux phases consécutives. La première se fait auprès de son *HSS* par le biais du certificat électronique et de l'identité privée relatifs au mobile. Quand à la deuxième, elle se fait entre le mobile et le *SCSCF* par l'utilisation des vecteurs d'authentification. De ce fait, le *SCSCF* commence par la vérification de l'identité et des droits d'accès du mobile au niveau du *HSS*. Si la première authentification est réussie, le *HSS* délivre un ensemble de vecteurs d'authentification au *SCSCF*. Ces derniers serviront à l'authentification du mobile en prouvant sa possession de la clé d'authentification. De plus, ils permettront la définition et l'établissement des associations de sécurité entre le mobile et le *SCSCF*.

De sa part, le mobile peut authentifier son fournisseur de services. En effet, une fois que le *HSS* authentifie le *SCSCF* à l'aide de son certificat électronique, il génère un nouveau certificat numérique dans lequel il signe l'identité et les services offerts par le *SCSCF*. Ce dernier envoie le certificat au mobile pour qu'il le vérifie et par conséquent l'authentifie.

Authentification mutuelle entre le mobile et le réseau mère

Au cours d'une procédure d'enregistrement le réseau mère authentifie le mobile en deux occasions. La première est lorsque le *PCSCF* lui envoie l'identité privée et le certificat d'identité du mobile. A ce moment, le *HSS* vérifie la justesse de l'identité privée du mobile et le numéro de séquence correspondant à cette demande d'enregistrement. En plus, le *HSS* vérifie la validité du certificat d'identité du mobile. La deuxième procédure d'authentification se fait lorsque le *SCSCF* envoie une autre fois les données privées du mobile au *HSS*. Ces deux authentifications permettront aux noeuds du réseau coeur d'authentifier à leurs tours le mobile.

SPUR permet aussi au mobile d'authentifier le réseau coeur. Ceci est assuré par les paramètres des vecteurs d'authentification que le *SCSCF* envoie au mobile. Ces derniers permettent au mobile de vérifier l'identité de son *HSS*. Un autre aspect permet au mobile de vérifier l'authenticité de son réseau mère, c'est la signature électronique. En effet, en vérifiant les signatures des certificats signés par son *HSS*, le mobile peut s'assurer qu'il s'agit bien de son réseau mère qui suit l'opération de son enregistrement.

Authentification mutuelle entre les noeuds du réseau coeur

L'authentification mutuelle entre les différents noeuds du réseau UMTS est assurée par l'utilisation des certificats électroniques. En effet, avant d'établir une communication entre deux noeuds différents, chacun d'eux récupère le certificat d'identité de son correspondant et le vérifie. La réalisation de ces deux procédures peut nécessiter la consultation des annuaires de publication des différentes autorités de certification. L'utilisation de l'architecture Bridge CA permettra de faciliter et d'accélérer la réalisation des deux procédures.

5.2.2 Intégrité

Le deuxième principe de sécurité assuré par SPUR est la protection de l'intégrité des données échangées dans et entre les réseaux durant la procédure d'enregistrement.

Intégrité des données échangées entre le mobile et le réseau d'accès

Les transactions faites entre le mobile et le réseau d'accès sont protégées en intégrité. En premier lieu, le mobile envoie ses données privées signées avec sa clé privée au *PCSCF*. Ce dernier vérifie l'intégrité du premier message suite à la réponse qui lui est envoyée par le *HSS*. Une réponse affirmative lui indique que les données du mobile ont bien été vérifiées en intégrité et en justesse.

En deuxième lieu, le *PCSCF* envoie les paramètres, relatifs à l'établissement des associations de sécurité, protégés en intégrité. En effet, le *PCSCF* signe ces données avec sa clé privée. L'intégrité du message envoyé par le *PCSCF* est, par la suite, vérifiée par le mobile à l'aide du certificat que le *HSS* a délivré au *PCSCF*. De cette manière l'intégrité des deux premiers messages échangés entre le mobile et le *PCSCF* est bien garantie.

Suite aux deux premiers messages, et dans le cas où la procédure d'établissement des associations de sécurité est terminée avec succès, l'intégrité des messages suivants qui sont échangés entre le mobile et le *PCSCF* est assurée par les paramètres définis par ces associations. Par conséquent, toutes les données échangées entre le mobile et le *PCSCF* sont protégées en intégrité.

Intégrité des données échangées entre le mobile et le fournisseur de services

Les données échangées entre le mobile et le *SCSCF* sont protégées en intégrité. Le mobile envoie dans le premier message ses données privées après les avoir signées avec sa clé privée.

La vérification de cette signature se fait au niveau du HSS. Ce dernier envoie le résultat de cette vérification au $SCSCF$. Lorsque le résultat est positif, le $SCSCF$ poursuit l'établissement des associations de sécurité avec le mobile.

De l'autre côté, le mobile vérifie l'intégrité des données envoyées par le $SCSCF$ en validant la signature de son réseau mère sur le certificat délivré au $SCSCF$. De plus, le mobile vérifie l'intégrité des paramètres envoyés pour l'établissement des associations de sécurité. Cette vérification se fait à l'aide de la clé d'authentification du mobile.

Le troisième mécanisme qui permet la protection de l'intégrité est utilisé après un établissement réussi des établissements de sécurité. En effet, ces associations précisent les algorithmes et les clés qui sont utilisés pour prouver l'intégrité des données.

Intégrité des données échangées entre le mobile et le réseau mère

SPUR assure l'intégrité des données échangées entre le mobile et son réseau mère. Dans le premier message envoyé au cours de la procédure d'enregistrement, le mobile signe ses données privées avec sa clé privée. La vérification de cette signature assure au HSS que les données n'ont pas été altérées durant leur transmission.

D'une autre part, le mobile vérifie l'intégrité des données qui lui sont envoyées par son HSS. En premier lieu, le mobile vérifie les signatures du HSS sur les certificats que ce dernier délivre au $PCSCF$ et au $SCSCF$. En deuxième lieu, le mobile vérifie l'intégrité des paramètres des vecteurs d'authentification que le $SCSCF$ s'en sert pour établir les associations de sécurité avec le mobile.

Intégrité des données échangées entre les noeuds du réseau coeur

Les échanges de données entre les noeuds du réseau coeur sont sécurisés par l'utilisation des certificats électroniques au niveau du protocole de signalisation. En effet, l'intégrité de ces données est garantie par le mécanisme de signature et par les associations de sécurité qui sont établies entre ces différents noeuds. Par la suite, chaque noeud du réseau coeur peut vérifier que les données qui lui sont envoyées n'ont pas été altérées durant leur transmission.

5.2.3 Confidentialité

SPUR garantit un troisième principe de sécurité qui consiste en la confidentialité des données transmises dans le réseau et jugées privées par les différents participants à la procédure d'enregistrement.

Confidentialité des données échangées entre le mobile et le réseau d'accès

La garantie de la confidentialité commence à partir du premier message envoyé dans la procédure d'enregistrement. Le mobile crypte ses données privées à l'aide de la clé publique de son *HSS*. Ces données seront ainsi incompréhensibles même pour le *PCSCF*. Ce dernier par contre attendra une réponse du *HSS* pour établir une communication sécurisée avec le mobile. En effet, une fois que le mobile est authentifié, le *PCSCF* envoie un message crypté avec la clé publique du mobile dans lequel il définira les clés de session qui seront utilisées dans les messages suivants. Ces paramètres sont définies pour une seule session et ils permettront le cryptage symétrique des données échangées durant cette session.

Confidentialité des données échangées entre le mobile et le fournisseur de services

La confidentialité des données échangées entre le mobile et le *SCSCF* est protégée dés le premier message envoyé pour l'enregistrement. Le mobile envoie ses données privées cryptées avec la clé publique de son *HSS*. Le *SCSCF* est incapable à ce niveau de décrypter ces données. Il attend donc la réponse du *HSS* pour qu'il puisse continuer la procédure d'établissement des associations de sécurité. Ces dernières permettront au *SCSCF* d'envoyer la durée de l'enregistrement courant cryptée au mobile.

L'utilisation du cryptage par le suite, c'est à dire durant la période d'enregistrement, est précisée par les politiques de sécurité fixées par les différents opérateurs.

Confidentialité des données échangées entre le mobile et le réseau mère

Les données privées du mobile sont transférées cryptées jusqu'à son *HSS*. Le cryptage est assuré à l'aide de la clé publique du *HSS*. De cette manière, SPUR garantit que seul le *HSS* est capable de décrypter les données privées de ses abonnés.

Confidentialité des données échangées entre les noeuds du réseau

Les différents noeuds du réseau UMTS communiquent à travers le protocole SIP-EAP-TLS. Ce protocole garantit la confidentialité des données échangées entre les différents noeuds par la définition des clés de sessions.

5.2.4 Non-répudiation

La non répudiation est fournit par SPUR à travers le mécanisme de la signature électronique. En effet, l'utilisation des certificats de signature permet d'assurer l'aspect de non répudiation. Par la suite, la non répudiation est garantit à ces différents niveaux :
– lorsque le mobile envoie ses données privées signées avec sa clé privée,

– lorsque le *PCSCF* envoie les paramètres des associations de sécurité signés avec sa clé privée,
– lorsque le *HSS* envoie les vecteurs d'authentification et les identités publiques du mobile signés avec sa clé privée au *SCSCF*,
– lorsque les différents noeuds s'échangent des données signées avec leurs clés privées.

En résumé, le tableau suivant présente les apports du protocole SPUR par rapport au protocole d'enregistrement défini par les 3GPP.

Critères de sécurité	3GPP	SPUR
Authentication au niveau SIP	1	1
Confidentialité au niveau SIP	0	1
Intégrité au niveau SIP	0	1
Confidentialité de l'IMPI	0	1
Établissement des clés IK et CK	1	1
rafraîchissement des clés	1	1
Authentication du réseau serveur	0	1
Utilisation des certificats	0	1
Définition des clés de session	0	1

TABLE 5.1 – Comparatif entre SPUR et le modèle 3GPP

5.3 Simulation du protocole SPUR

5.3.1 Modèle de simulation

Dans la suite le modèle de simulation présenté permettra de faire une étude qualitative de SPUR. Dans cette étude l'accent sera mis sur le taux d'erreur et la charge qui sont apportés par SPUR au réseau UMTS. Cette étude tient en compte le modèle de simulation présenté dans [22, 23].

De ce fait le modèle de simulation présente les hypothèses suivantes :
– M est le flux de données transmis (nombre d'octets par unité de temps) ;
– $P_E(M)$ est la probabilité d'erreur de M lorsqu'il est transmis entre deux noeuds consécutifs ;
– BER est le probabilité d'erreur d'un bit défini sur le lien de transmission ;
– l_i est le lien numéro i ;
– $F(l_i)$ est la charge calculée sur le lien l_i ;
– A_i est le nombre d'octets ajoutés sur le lien l_i ;

Calcul de la probabilité d'erreur

En considérant la probabilité d'erreur d'un bit dans un message M comme étant égale à BER, la probabilité qu'un message soit corrompu est défini par la loi binomiale comme suit :

$$P_E(M) = \sum_{k=1}^{8M} BER^k (1 - BER)^{8M-k} \qquad (5.1)$$

Calcul de la charge ajoutée par SPUR

Soit le message M qui est transmis sur un lien caractérisé par une probabilité d'erreur $P_E(M)$. Le flux de données qui est retransmis sur ce lien est égale à $(M \cdot P_E(M))$. De cette manière le flux total de données transmis sur un lien et qui est liée au message initial M est le suivant :

$$F = M + M \cdot P_E(M) + M \cdot P_E(M)^2 + \ldots + M \cdot P_E(M)^n \tag{5.2}$$

L'expression de F présente une série géométrique qui est présenté comme suit :

$$F = M \cdot \frac{1 - P_E(M)^{n+1}}{1 - P_E(M)} \tag{5.3}$$

et lorsque le nombre n tend vers l'infinie

$$lim_{n \to +\infty} F = \frac{M}{1 - P_E(M)} \tag{5.4}$$

Pour le protocole SIP, il existe une dépendance entre les messages des flux montant et descendant. Ce qui implique qu'une perte au niveau de l'un de ces flux peut déclencher une retransmission au niveau de l'autre. En effet, dans le cas où M_1 est le message transmis dans le sens descendant et M_2 est le message correspondant qui est transmis dans le sens montant, il existe une relation entre les probabilités d'erreur des deux messages.

De ce fait, lorsque la perte du message M_1 résulte uniquement sa retransmission, le flux descendent impliqué est le suivant :

$$F_D(M_1) = \frac{M_1}{1 - P_E(M_1)} \tag{5.5}$$

Mais dans le cas où c'est le message M_2 qui est perdu, deux flux sont ajoutés. Le premier présente la retransmission de M_2 dans le sens montant par l'équation 5.13 :

$$F_U(M_2) = \frac{M_2}{1 - P_E(M_2)} \tag{5.6}$$

Le deuxième définit le flux de données impliqué par la perte de M_2 dans le sens descendant et qui induit une retransmission du message M_1. L'équation 5.13 présente le flux ajouté dans le sens descendant.

$$F_D(M_2) = \left(\frac{M_1}{1 - P_E(M_2)} - M_1 \right) \frac{1}{1 - P_E(M_1)} \tag{5.7}$$

La prise en considération des deux flux ajoutés induits par la perte de l'un des messages (M_1 et M_2) dans le sens descendant s'exprime par l'équation 5.13

$$F_D = \frac{M_1}{(1 - P_E(M_2))(1 - P_E(M_1))} \tag{5.8}$$

Dans la suite, qutres noeuds du réseau UMTS seront considérés à savoir le mobile MS, le $PCSCF$, le $ICSCF$ et le $SCSCF$. Entre ces différents noeuds sont définis respectivement les liens L_1, L_2 et L_3.

Selon les traitements qui se font au niveau de chaque noeud, la taille des messages SIP change tout au long du chemin de leur transmission. De cette manière, le flux généré sur le premier lien est exprimé comme suit :

$$F(L_1) = (M + A_1) + (1 + \frac{P_E(L_1)}{1 - P_E(L_1)} + \frac{P_E(L_2)}{(1 - P_E(L_1))(1 - P_E(L_2))} \tag{5.9}$$

$$+ \frac{P_E(L_3)}{(1 - P_E(L_1))(1 - P_E(L_2))(1 - P_E(L_3))})$$

Dans l'équation 5.13 , A_i désigne le nombre d'octets ajoutés par le noeud i et $P_E(L_i)$ indique la probabilité d'erreur sur le lien L_i. Il est à noter que la probabilité d'erreur sur un lien donné dépend aussi de la taille du message qui y est transmis :

$$P_E(L_1) = f(M + A_1)$$

$$P_E(L_2) = f(M + A_1 + A_2) \tag{5.10}$$

$$P_E(L_3) = f(M + A_1 + A_2 + A_3)$$

D'une manière générale, on pouvons exprimer la taille d'un message SIP par l'équation 5.13 :

$$M(L_i) = M + \sum_{n=1}^{L_i} A_n \tag{5.11}$$

D'un autre côté, la probabilité d'erreur sur lien peut être exprimé par l'équation 5.13 :

$$P_E(M) = \sum_{k=1}^{8M(L_i)} BER^k (1 - BER)^{8M(L_i) - k} \tag{5.12}$$

Et finalement, le flux calculé sur un lien est déterminé par l'équation 5.13 :

$$F(L_i) = M(L_i)(1 + \sum_{m=L_i}^{L_{max}} \frac{P_E(m)}{\prod_{j=L_i}^{m}(1 - P_E(j))})$$ (5.13)

5.3.2 Paramètres de simulation

Dans la suite, le modèle sus-mentionné sera simulé. Pour ce faire, les paramètres de simulation utilisés sont précisés dans la suite.

En premier lieu, les noeuds du sous réseau IMS ont été simulés comme des files d'attentes définis comme suit :
– le processus d'arrivée suit la loi de Poisson,
– le taux d'arrivée est de 1 session (=M octets) par seconde,
– la loi de service est une loi exponentielle,
– le temps de service est égale à 20 ms,
– la taille moyenne d'un message SIP original appartient à l'intervalle $[170, 500]$ octets,
– la taille ajoutée par chaque noeud est comprise dans l'intervalle $[50, 200]$ octets.

5.3.3 Résultats et analyses

Les deux premières courbes montrent l'influence de l'augmentation de la taille des messages SIP sur la probabilité d'erreur définie sur les différents liens.

De ce fait, pour une probabilité d'erreur inférieure à 10^{-3}, les liens qui doivent être choisis doivent présenter un BER inférieur à 10^{-6} . Par contre, dans le cas où un lien définit un $BER \geq 10^{-5}$, la probabilité d'erreur croît d'une manière exponentielle lorsque la taille des messages SIP devient plus importante.

De ce fait, pour utiliser SPUR les différents liens du réseau UMTS doivent respecter la condition $BER < 10^{-5}$.

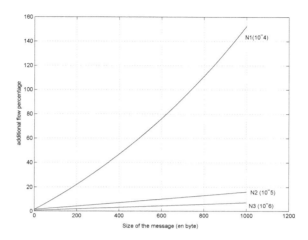

FIGURE 5.1 – Avec des valeurs élevés de *BER*

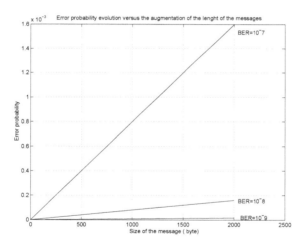

FIGURE 5.2 – Avec des valeurs faibles de *BER*

Le changement des tailles des messages par les différents noeuds, ainsi que la retransmission des messages erronés induit une augmentation des différents flux qui sont définis au niveau des liens. Cette nouvelle charge est proportionnelle au type et à la qualité des liens. En effet, la probabilité d'erreur qui caractérise un lien a une grande influence sur le flux qu'il supporte.

Dans les figures suivantes, trois types différents de niveau de *BER* sont considérés.

Le premier cas étudie les liens qui ont des niveaux élevés de probabilité d'erreur. En effet, dans ce modèle le lien radio possède la plus grande probabilité d'erreur. Ainsi, la charge ajoutée peut atteindre 180% du flux initial envoyé. Pour ces valeurs, SPUR introduit trop de charge pour le réseau qui ne peut pas être acceptée par les opérateurs.

Le deuxième cas étudie les liens qui ont une même probabilité d'erreur bit égale à 10^{-6}. Dans ce cas, la valeur maximale de la charge ajoutée ne dépasse pas 8% du flux initial. Toutefois, ce modèle n'est pas toujours applicable puisqu'en général, le lien radio définit toujours une probabilité d'erreur plus élevée.

Le troisième cas présente un modèle où les valeurs des *BER* définis au niveau des différents liens ne dépassent pas 10^{-6}. Pour ce choix la charge ajouté sur le réseau par le protocole SPUR est inférieure à 1% du flux initial. De ce fait, SPUR n'introduit pas des charges importantes au réseau lorsque les liens utilisés définissent des $BER \leq 10^{-6}$.

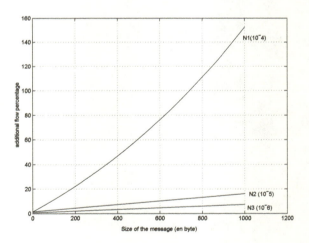

FIGURE 5.3 – charge avec haut BER

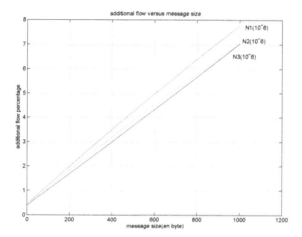

FIGURE 5.4 – Charge avec BER égale

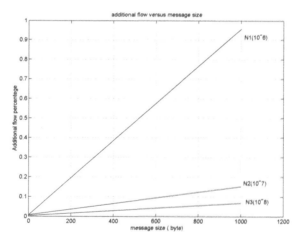

FIGURE 5.5 – charge avec faible BER

5.4   Conclusion

Dans ce chapitre deux études d'évaluation du protocole SPUR ont été présentés. En premier lieu, les différents apports en sécurité qui caractérisent le protocole SPUR ont été prouvés. Ces derniers englobent l'authentification mutuelle des différents noeuds du réseau, l'intégrité et la confidentialité des différents données échangées entre les différents noeuds et la non-répudiation de ces derniers.

En deuxième lieu, les conditions qui doivent accompagner l'utilisation de SPUR pour minimiser les probabilités d'erreur et les charges ajoutées au niveau des différents liens du réseau UMTS ont été définis.

Conclusion Générale

Dans ce livre, un nouveau protocole d'enregistrement sécurisé (SPUR) a été présenté. SPUR garantit la mise en place de plusieurs aspects de sécurité qui n'ont pas été défini dans les propositions précédentes. De ce fait, le protocole d'enregistrement introduit de nouveaux mécanismes de sécurité permettant d'assurer la protection des échanges de données entre le mobile et le réseau coeur et entre les noeuds du réseau coeur.

Effectivement, SPUR garantit l'authentification mutuelle entre le mobile et les différents sous réseaux du réseau coeur à savoir le réseau d'accès, le réseau mère et le réseau fournisseur de services. De plus, SPUR assure l'authentification mutuelle entre les noeuds du réseau coeur avant l'établissement de tout type de connexion.

D'un autre côté, SPUR garantit l'intégrité des données échangées entre le mobile et les noeuds du réseau coeur à partir du premier message envoyé par le mobile et même avant l'établissement des associations de sécurité.

De plus, la confidentialité des données échangées et en particulier les données privées qui servent à l'authentification des différents noeuds est protégée par l'emploi de SPUR dans toutes les transactions établies dans le réseau UMTS. Ces données sont protégées dès leur premier envoie dans les premiers messages d'enregistrement. Ce qui permet de garantir la sécurité des premiers échanges d'authentification.

Le quatrième aspect assuré par SPUR est la non-répudiation. En effet, à l'aide de ce protocole aucun noeud du réseau UMTS qui participe à la procédure d'enregistrement ne peut nier avoir émis des données ou établit une connexion.

Un autre apport important de SPUR est qu'il définit des mécanismes de sécurité propres au niveau de la couche application indépendamment des mécanismes et des protocoles de sécurité qui sont employés dans les couches inférieures. En effet, cet aspect permet de garantir la robustesse de SPUR vu que le niveau de sécurité employé au dessous n'a pas d'influence sur lui. Cet aspect permet aussi l'utilisation de SPUR sur différents types de réseaux qui utilisent le protocole SIP pour la signalisation. Par la suite, l'intégration de SPUR dans les réseaux de troisième génération (NGN)s est bien envisageable. D'autres études postérieures seront faites pour présenter une définition complète des procédures d'intégration.

A la fin de ce livre, les impacts de l'introduction du protocole SPUR dans les réseaux UMTS ont été étudiés. En particulier, les taux d'erreur et la charge ajoutée qui sont induits par SPUR ont été calculés. Le but principal de cette simulation est de définir les conditions favorables qui doivent accompagner l'utilisation de SPUR pour respecter la qualité de service offerte par les réseaux UMTS.

Bibliographie

[1] H. KAARANEN, A. AHTIAINEN, L. LAITINEN, S. NAGHIAN, V. NIEMI "UMTS Networks :Architecture, Mobility and Services" Weily England 2001

[2] N C Lobely "GSM to UMTS-Architecture evolution to support multimedia" BT Technol J Vol 19 N°1 January 2001

[3] M C BALE "Voice and internet multimedia in UMTS network" BT Technol J Vol 19 N°1 January 2001

[4] 3GPP TS 23.060 V5.0.0 - "General Packet Radio Service (GPRS) ; service description ; stage 2" (2002-01)

[5] 3GPP TS 23.228 ,"IP Multimedia subsystem Stage 2"

[6] 3GPP TS 22.228, "Service Requirements for the IP Multimedia Core Network"

[7] 3GPP TS 24.229, "IP Multimedia Call Control Protocol based on SIP and SDP", V5.4.0 (2003-03)

[8] M. Handlay, H. Schulzrinne, E. Schooler, and J. D. Rosenburg, "SIP : Session Initiation Protocol" RFC 2543, Mar. 1999

[9] IETF RFC 3261, "SIP : Session Initiation Protocol"

[10] 3GPP TS 33.900 "A Guide to 3rd Generation Security"V1.2.0 (2000-01)

[11] 3GPP TS 21.133 "Threats and attacks in UMTS"(2001-12)

[12] 3GPP TS 33.120 "UMTS Security principales and objectives"

[13] 3GPP TS 33.102 "Security Architecture"V4.2.0 (2001-09)

[14] 3GPP TS 33.203, "Access Security for IP-based services", V5.1.0 (2002-03)

[15] 3GPP TS 33.210 " Network Domain Security, IP network layer security" v1.0.1 (2002-01)

[16] 3GPP TSG SA WG3 Security, S3-000689, "Access security for IP-based services", Source Siemens AG, Nov 28-30, 2000

[17] SHEILA FRANKEL, Demystifying : theIPsec Puzzle, Artech House, 2001

[18] 3GPP TSG SA WG3 Security, S3z000010 : Authentication and protection mechanisms for IM CN SS ; Source Ericsson ; contribution to ad-hoc meeting#15bis, Munich, Nov. 8-9, 2000

[19] Carlisle ADAMS, Steve LLOYD, Understanding Public-Key Infrastructure : Concepts, Standards, and Deployment Considerations, New Riders Publishing, USA, 2002

[20] Russ HOUSLEY, Tim POLK, Planning for PKI : Best Practices for Deploying Public Key Infrastructure, Wiley & Sons Publishing, USA, 2001

[21] N E. HASTINGS, W TIMOTHY POLK "Bridge Certification Authorities : Connecting B2B Public Key Infrastructures" Nationl Institute of Standards and Technology

[22] A. Kist, and R.J. Harris, "A Simple Model for Calculating SIP Signaling Flows in 3GPP IP Multimedia Subsystems", RMIT University, AUSTRALIA, 2002

[23] J. Sweeny, V. Kenneally, D. Pesch, G. Purcell, "Efficient SIP based Presence and IM services with SIP message Compression in IST OPIUM", CIT/AWS 26/09/2003